MUHAMMAD
LA VIDA DEL MENSAJERO DE LA PAZ

I0839624

Tabla de Contenido

Aviso de derechos de autor

Todos los derechos reservados. Ninguna parte de este libro puede reproducirse, distribuirse o transmitirse en ninguna forma ni por ningún medio, incluidas la fotocopia, la grabación o cualquier otro método electrónico o mecánico, sin el permiso previo por escrito del editor, excepto en los casos permitidos por la ley de derechos de autor.

Introducción

En la vasta extensión de la historia humana, pocos individuos han dejado un impacto tan profundo y duradero como el Profeta Muhammad (la paz sea con él). Nacido en los desiertos de Arabia hace más de catorce siglos, su vida y sus enseñanzas siguen resonando en millones de personas en todo el mundo. Este libro busca explorar la trayectoria multifacética de Muhammad, no solo como figura histórica, sino como mensajero de paz, faro de justicia y fuente de sabiduría perdurable.

Antes de la llegada del Islam, la península Arábiga era una tierra sumida en conflictos tribales y creencias paganas. En ese entorno nació Mahoma, huérfano a temprana edad, y creció con una reputación de honestidad e integridad. Sus primeros años, marcados por pérdidas personales y desafíos sociales, moldearon un carácter que más tarde revolucionaría el mundo.

La profunda experiencia en la cueva de Hira, donde Mahoma recibió la primera revelación, marcó el comienzo de su misión profética. Este momento, condensado en las palabras "Lee en el nombre de tu Señor", no sólo cambió su vida, sino que marcó el rumbo de la transformación de sociedades enteras. Desde las reuniones secretas iniciales hasta la declaración pública de su mensaje, el camino de Mahoma estuvo plagado de persecuciones, pruebas y una fe inquebrantable.

Este libro está dividido en treinta capítulos, cada uno de los cuales profundiza en diferentes aspectos de la vida de Mahoma. Exploraremos sus primeros años, los desafíos que enfrentó, las batallas que libró y los tratados que firmó. Analizaremos sus relaciones personales, su papel como hombre de familia, sus interacciones con personas de otras religiones y sus enseñanzas sobre justicia social, economía y liderazgo.

También examinaremos el legado perdurable de Mahoma, desde la compilación del Corán y los hadices hasta la difusión del Islam y sus principios en todos los continentes. Su peregrinación de despedida y su sermón final, cargados de orientación atemporal, resumen la esencia de su mensaje: un mensaje de paz, compasión y justicia.

Este libro pretende presentar una visión equilibrada y completa de la vida de Mahoma, basándose en fuentes históricas, relatos biográficos e interpretaciones académicas. Está escrito con la intención de informar, inspirar y proporcionar una comprensión más profunda del hombre que cambió el curso de la historia.

Al embarcarnos en este viaje a través de los capítulos de la vida de Mahoma, que no sólo adquiramos conocimiento, sino también nos inspiremos en su ejemplo para llevar vidas de integridad, compasión y paz.

Capítulo 1: Arabia antes del Islam

Antes de la llegada del Islam, la península Arábiga era una tierra de marcados contrastes e influencias diversas. Sus vastos desiertos, sus escarpadas montañas y sus escasos oasis moldearon la vida de sus habitantes y propiciaron una sociedad marcada por la resiliencia y el conflicto. La ubicación estratégica de la región, en la encrucijada de África, Asia y Europa, la convirtió en un centro de comercio e intercambio cultural, pero su interior permaneció en gran medida aislado y subdesarrollado.

La sociedad árabe era predominantemente tribal, y la lealtad a la tribu superaba a todas las demás. Cada tribu tenía sus propias costumbres, leyes y estructuras de gobierno, lo que a menudo daba lugar a rivalidades intertribales y frecuentes escaramuzas. Estos conflictos solían estar alimentados por la competencia por recursos como el agua, las tierras de pastoreo y las rutas comerciales. A pesar de estas rivalidades, un código de hospitalidad y honor, conocido como "muruwa", desempeñaba un papel crucial en el mantenimiento del orden social.

En términos económicos, la Arabia preislámica era diversa. Las regiones costeras, especialmente las del sur, participaban en el comercio a larga distancia y conectaban con las civilizaciones de Persia, Bizancio, India y África. La ciudad de La Meca, en particular, era un importante centro comercial que atraía a comerciantes de todas partes. También era un centro religioso, hogar de la Kaaba, un santuario sagrado que albergaba numerosos ídolos y atraía a peregrinos de varias tribus.

La religión en la Arabia preislámica era principalmente politeísta. La mayoría de los árabes adoraban a un panteón de deidades, cada una asociada a diferentes aspectos de la vida y la naturaleza. La Kaaba de La Meca albergaba estos ídolos, lo que la convertía en un lugar central de culto y peregrinación. Junto al politeísmo, había sectores de creencias monoteístas, como el judaísmo, el cristianismo y el zoroastrismo, introducidos por comerciantes y colonos de regiones vecinas. Estas comunidades monoteístas coexistieron con las prácticas politeístas dominantes, lo que contribuyó al mosaico religioso de la región.

En el plano social, la sociedad árabe era profundamente patriarcal, y los hombres tenían la autoridad principal dentro de la tribu y la familia. Las mujeres, aunque generalmente estaban subordinadas a los hombres, desempeñaban papeles importantes en el mantenimiento de la cohesión tribal y familiar. En algunas tribus, las mujeres podían poseer propiedades, elegir a sus cónyuges y participar en el comercio, lo que indicaba un nivel de complejidad y variación social.

La vida literaria y cultural de la Arabia preislámica era muy rica, sobre todo en el ámbito poético. Los poetas ocupaban puestos de prestigio en la sociedad y sus versos servían como medio para preservar la historia, expresar el orgullo tribal y transmitir valores sociales. La feria anual de Ukaz era un acontecimiento cultural destacado en el que los poetas competían y recitaban sus obras, contribuyendo a la vibrante tradición oral que caracterizaba a la cultura árabe.

En este entorno complejo y dinámico, se creó el escenario para un cambio transformador. Las disparidades socioeconómicas, los problemas morales y la pluralidad religiosa crearon un contexto propicio para un movimiento unificador y reformador. Fue en este entorno donde nació Mahoma, destinado a convertirse en un catalizador de un cambio profundo y a dejar una marca indeleble en la historia.

Capítulo 2: El nacimiento de un profeta

En el corazón de la península arábiga, en la bulliciosa ciudad de La Meca, nació un niño que un día transformaría el mundo. Era el año 570 d. C., conocido en la tradición islámica como el Año del Elefante. Esta denominación se debe a un acontecimiento en el que un ejército abisinio liderado por Abraha intentó destruir la Kaaba con un elefante de guerra, pero fue derrotado milagrosamente. En este contexto de intervención divina y prominencia de La Meca, Aminah bint Wahb dio a luz a un hijo llamado Muhammad.

El linaje de Mahoma era noble. Procedía del clan Banu Hashim de la tribu Quraysh, custodios de la Kaaba y líderes respetados en La Meca. Su padre, Abdullah, había fallecido antes del nacimiento de Mahoma, dejándolo huérfano desde el principio. El abuelo del niño, Abdul Muttalib, asumió la tutela, ofreciéndole amor y protección. El estimado linaje de los Banu Hashim se remontaba a Ismael, el hijo de Abraham, una conexión que subrayaba la herencia profética de Mahoma.

Las costumbres árabes de la época dictaban que los niños debían ser enviados al desierto para que los amamantaran y los criaran nodrizas beduinas, una práctica que, según se creía, los fortalecía física y moralmente. Mahoma fue confiado a Halima Sa'diyah, una mujer de la tribu Banu Sa'd. La familia de Halima experimentó bendiciones inmediatas con Mahoma a su cuidado; sus tierras, antaño estériles, florecieron y su ganado prosperó. Estos primeros años en el desierto imbuyeron a Mahoma de una profunda conexión con la naturaleza y de una constitución física robusta, al tiempo que moldeaban su elocuencia y pureza de palabra, cualidades muy apreciadas en la cultura árabe.

A los seis años, la tragedia golpeó de nuevo a Muhammad cuando su madre, Aminah, murió durante un viaje para visitar a sus tíos paternos en Yathrib (posteriormente Medina). Ahora, huérfano por partida doble, regresó a La Meca bajo el cuidado de su abuelo, Abdul

Muttalib, que lo amaba entrañablemente. Sin embargo, este tutor también falleció sólo dos años después, cuando Muhammad tenía ocho años. La responsabilidad de criarlo recayó entonces en su tío, Abu Talib, quien, a pesar de sus modestos recursos, trató a Muhammad con el cariño de un padre.

El cuidado de Abu Talib fue fundamental durante los años de formación de Mahoma. Mahoma, que se dedicaba al negocio familiar, solía acompañar a su tío en caravanas comerciales a Siria, lo que le permitió conocer el resto del mundo. Estos viajes ampliaron sus horizontes y le permitieron conocer diversas culturas y religiones, entre ellas el cristianismo y el judaísmo. La honestidad y la honradez que demostró durante estas aventuras le valieron el apodo de "Al-Amin", que significa "el digno de confianza".

Durante su juventud, Mahoma trabajó como pastor, un papel común entre los profetas de la tradición islámica. Esta ocupación fomentaba la paciencia, la humildad y un profundo sentido de la responsabilidad. Su reputación de integridad se extendió por toda La Meca y llamó la atención de Khadijah bint Khuwaylid, una viuda rica y respetada dedicada al comercio. Impresionada por su carácter, Khadijah contrató a Mahoma para que administrara sus negocios comerciales, una decisión que resultó mutuamente beneficiosa.

La confianza de Jadiya en las habilidades y la honestidad de Mahoma culminó en una próspera relación que pronto se convirtió en un vínculo personal. A pesar de la diferencia de edad (Jadiya era quince años mayor que él), su respeto y admiración mutuos condujeron al matrimonio. Esta unión fue bendecida con seis hijos: dos varones, que murieron en la infancia, y cuatro mujeres: Zainab, Ruqayyah, Umm Kulthum y Fátima. El apoyo y la fe inquebrantables de Jadiya en la misión de Mahoma desempeñaron un papel crucial en los primeros años de su profecía.

El carácter de Mahoma, moldeado por estas experiencias tempranas de pérdida, responsabilidad e integridad moral, contrastaba marcadamente con las normas imperantes en la sociedad de La Meca. La élite de la ciudad estaba absorta en el materialismo, la idolatría y las injusticias sociales, prácticas que preocupaban cada vez más a Mahoma. A menudo se retiraba a la cueva de Hira en el monte Noor, en busca de soledad y reflexión. Fue en esta cueva, a la edad de cuarenta años, donde recibió la primera revelación de Alá a través del ángel Gabriel, lo que marcó el comienzo de su misión profética.

El nacimiento y los primeros años de vida de Mahoma prepararon el terreno para un viaje transformador. Su linaje lo conectaba con una herencia noble, mientras que su educación lo dotó de un carácter de integridad y empatía inigualables. Estos años de formación estuvieron marcados por una serie de acontecimientos que no solo moldearon su personalidad, sino que también lo prepararon para la monumental tarea de la profecía. Los valores de honestidad, compasión y justicia que encarnó pronto resonarían en sus enseñanzas, ofreciendo un faro de orientación a un mundo necesitado de rejuvenecimiento moral y espiritual.

La juventud de Mahoma es un testimonio de su capacidad de resistencia frente a la adversidad y del cultivo de las virtudes en medio de la agitación social. Su historia, desde un huérfano vulnerable hasta un comerciante respetado y, finalmente, un profeta, es una profunda narración del destino divino y la excelencia humana. A medida que profundizamos en su vida, somos testigos del desarrollo de un viaje que cambiaría para siempre el curso de la historia e iluminaría el camino de innumerables almas.

Capítulo 3: El niño huérfano

La infancia de Mahoma como huérfano influyó profundamente en su carácter y su misión futura. Mahoma nació en la noble tribu de los Quraysh y perdió a su padre, Abdullah, antes de nacer. Esta pérdida inicial marcó el comienzo de una serie de tragedias personales que moldearían su empatía, su resiliencia y su sentido de la justicia.

La madre de Muhammad, Aminah, le brindó tiernos cuidados y afecto. Cuando tenía apenas seis años, Aminah decidió llevarlo de viaje a Yathrib (más tarde conocida como Medina) para visitar a su familia. Este viaje fue significativo porque le permitió al joven Muhammad conocer la ciudad que más tarde se convertiría en un elemento central de su misión profética. Sin embargo, el viaje de regreso a La Meca tuvo un giro trágico cuando Aminah enfermó y falleció en Al-Abwa, un pueblo entre La Meca y Medina. Muhammad, ahora huérfano por partida doble, quedó al cuidado de su abuelo, Abdul Muttalib.

Abdul Muttalib, un respetado líder de la tribu Quraysh y custodio de la Kaaba, trató a Muhammad con gran afecto y cuidado. Reconoció algo especial en su nieto y a menudo lo mantenía cerca durante las reuniones y discusiones tribales importantes. A pesar de su edad y el peso de sus responsabilidades, Abdul Muttalib se aseguró de que Muhammad estuviera bien atendido y de que se le inculcaran los valores del honor, la generosidad y el liderazgo.

Sin embargo, este período de relativa estabilidad duró poco. Cuando Muhammad tenía ocho años, Abdul Muttalib falleció, hundiéndolo una vez más en la incertidumbre. Antes de su muerte, Abdul Muttalib confió a Muhammad a su hijo, Abu Talib, que no sólo era el tío de Muhammad sino también una figura prominente en la tribu de los Quraysh. A pesar de sus modestos recursos, Abu Talib aceptó esta responsabilidad con una dedicación inquebrantable, criando a Muhammad junto a sus propios hijos.

La casa de Abu Talib era un entorno acogedor en el que Mahoma estableció estrechos vínculos con sus primos, en particular con Ali ibn Abi Talib, que más tarde se convertiría en una figura importante del Islam. Bajo el cuidado de Abu Talib, Mahoma continuó desarrollando las cualidades de honestidad, bondad y sabiduría que más tarde definirían su misión profética. El apoyo de Abu Talib se extendió más allá de la mera tutela; se convirtió en un mentor y protector, guiando a Mahoma a través de las complejidades de la sociedad de La Meca.

Durante su juventud, Mahoma trabajó como pastor, cuidando rebaños en las escarpadas colinas que rodean La Meca. Esta experiencia fue más que un medio de vida; fue un período formativo que le inculcó paciencia, responsabilidad y una profunda conexión con la naturaleza. La soledad del pastoreo le proporcionó tiempo suficiente para la reflexión y la contemplación, cualidades que se convertirían en parte integral de su desarrollo espiritual.

A medida que Mahoma fue creciendo, comenzó a acompañar a Abu Talib en sus viajes comerciales a Siria. Estos viajes le permitieron conocer diversas culturas, religiones y formas de vida, ampliando sus horizontes y profundizando su comprensión del mundo. Su aguda observación y su innato sentido de la justicia eran evidentes en sus tratos, lo que le valió el apodo de "Al-Amin", el digno de confianza. Esta reputación de honestidad e integridad fue una piedra angular de su carácter y desempeñaría un papel crucial en su futura misión.

A pesar de las dificultades que enfrentó, los primeros años de Mahoma estuvieron marcados por una serie de relaciones enriquecedoras que reforzaron su brújula moral. Las pérdidas que sufrió no lo amargaron; por el contrario, cultivaron una profunda empatía por los marginados y vulnerables. Comprendió la difícil situación de los huérfanos, las viudas y los pobres, y estas experiencias luego influirían en sus enseñanzas y acciones como profeta.

La singular educación que recibió Mahoma en una sociedad plagada de tribalismo y estratificación social le permitió comprender profundamente sus virtudes y defectos. Su contacto con la nobleza de su linaje y la humildad del pastoreo le proporcionaron una perspectiva equilibrada que más tarde guiaría sus esfuerzos por reformar y unificar la península Arábiga.

El camino del niño huérfano fue un continuo aprendizaje y crecimiento personal. Desde la protección de su abuelo hasta la mentoría de su tío, cada etapa de su vida temprana contribuyó al desarrollo de un carácter definido por la resiliencia, la compasión y la integridad inquebrantable. Estas cualidades se convertirían en la base sobre la que construiría su misión profética, ofreciendo un mensaje de esperanza y transformación a un mundo necesitado.

Al reflexionar sobre los primeros años de Mahoma, vemos cómo la mano del destino moldeó a un líder que trascendería los desafíos de su tiempo para transmitir un mensaje de profundo cambio espiritual y social. El niño huérfano de La Meca crecería hasta convertirse en un mensajero de paz, un faro de justicia y un modelo de excelencia moral para las generaciones venideras.

Capítulo 4: El comerciante honesto

La vida de Mahoma como comerciante desempeñó un papel fundamental en la formación de su carácter y el establecimiento de su reputación mucho antes de convertirse en profeta. Este período de su vida, que abarca desde su juventud hasta su mediana edad, sentó las bases para las cualidades de honestidad, integridad y confiabilidad que se convertirían en el sello distintivo de su misión profética.

Tras pasar sus primeros años como pastor, una ocupación común que fomentaba la paciencia, la resiliencia y una profunda conexión con la naturaleza, Mahoma comenzó a aventurarse en el comercio. El mundo comercial de La Meca era vibrante y bullicioso, y servía como centro comercial clave que conectaba la península Arábiga con tierras lejanas como Siria, Yemen y Etiopía. Como miembro de la tribu Quraysh, que controlaba gran parte del comercio en La Meca, Mahoma tenía acceso a este dinámico entorno económico.

Su primera incursión importante en el mundo del comercio fue bajo la dirección de su tío, Abu Talib. Reconociendo el potencial y la naturaleza confiable de Mahoma, Abu Talib lo llevó con él en expediciones comerciales a Siria. Estos viajes expusieron a Mahoma a diversas culturas, religiones y prácticas comerciales. Observó de primera mano las complejidades del comercio, incluidas la negociación, la creación de confianza y la importancia de la conducta ética. Estas experiencias ampliaron su comprensión y dieron forma a su enfoque del comercio, reforzando su compromiso con la honestidad y la equidad.

La reputación de Mahoma de ser íntegro en los negocios se difundió rápidamente. A diferencia de muchos de sus contemporáneos, que solían recurrir a prácticas engañosas para maximizar sus ganancias, Mahoma era conocido por su honestidad y fiabilidad. Su adhesión a los principios éticos le valió el apodo de "Al-Amin", que significa "el digno de confianza". Esta reputación no era simplemente una etiqueta superficial, sino un reflejo de su compromiso constante e inquebrantable con la veracidad y la conducta moral en todos sus tratos.

Fue esta reputación impecable la que llamó la atención de Khadijah bint Khuwaylid, una viuda adinerada y respetada que era una figura prominente en la sociedad de La Meca. Khadijah era conocida por su exitosa empresa comercial, que se extendía por toda la península Arábiga. En busca de un agente de confianza para gestionar sus intereses comerciales, se sintió atraída por la reputación de Muhammad y le ofreció el puesto. Muhammad aceptó, y su desempeño en este puesto superó todas las expectativas.

Jadiya le encomendó a Mahoma que llevara una caravana a Siria, un viaje que resultó ser todo un éxito. A su regreso, Mahoma no sólo trajo consigo importantes ganancias, sino también numerosas historias de su conducta ética y sus tratos justos. Su integridad y su perspicacia para los negocios impresionaron enormemente a Jadiya, lo que la llevó a proponerle matrimonio. A pesar de la diferencia de edad de quince años, la unión de Mahoma y Jadiya se basó en el respeto mutuo, la admiración y el amor. Su matrimonio fue una sociedad en el sentido más auténtico, y Jadiya les brindó un apoyo y un aliento inquebrantables durante toda su vida juntos.

El matrimonio de Khadijah y Muhammad marcó un punto de inflexión en su vida. Con el apoyo de ella, Muhammad continuó forjando su reputación de comerciante honesto y confiable. Juntos, fueron bendecidos con seis hijos: dos varones, que murieron en la infancia, y cuatro mujeres: Zainab, Ruqayyah, Umm Kulthum y Fatimah. La estabilidad y prosperidad de su vida familiar le permitieron a Muhammad centrarse en cuestiones sociales más amplias, desarrollando aún más su sentido de la justicia y la compasión por los menos afortunados.

Además de su éxito comercial, el carácter y la conducta de Mahoma comenzaron a atraer a un círculo de amigos y seguidores que se sentían inspirados por sus principios. Era conocido por su humildad, generosidad y sentido de la justicia. A menudo utilizaba su riqueza para ayudar a los necesitados, dando ejemplo de caridad y responsabilidad social. Sus interacciones con personas de diversos ámbitos de la vida, incluidos esclavos, huérfanos y pobres, profundizaron su comprensión de las desigualdades sociales y la necesidad de reformas.

El papel de Mahoma como comerciante también le proporcionó amplias oportunidades para la contemplación y la reflexión espiritual. Su integridad en los negocios era una extensión de su brújula moral interior, que lo llevaba cada vez más hacia la reflexión y la meditación en solitario. A menudo se retiraba a la cueva de Hira, una práctica que finalmente conduciría a su primera revelación y al comienzo de su misión profética.

Los años que Mahoma pasó como comerciante honesto fueron cruciales para sentar las bases de su futuro papel como profeta. Su inquebrantable compromiso con la conducta ética, su reputación de honradez y su actitud compasiva en los negocios le granjearon respeto y admiración en toda La Meca. Estas cualidades no solo definieron su carácter personal, sino que también prepararon el terreno para la profunda transformación espiritual y social que más tarde lideraría.

Al reflexionar sobre la vida de Mahoma como comerciante, vemos el surgimiento de un líder cuyos principios de honestidad, integridad y compasión no eran meros ideales abstractos sino realidades vividas. Su éxito en los negocios fue un testimonio del poder de la conducta ética, y su reputación como "Al-Amin" serviría como piedra angular para su misión profética, ofreciendo un modelo de excelencia moral y confiabilidad al mundo.

Capítulo 5: La cueva de Hira

La historia de la profecía del Profeta Muhammad comienza con una profunda experiencia espiritual en la Cueva de Hira. Este acontecimiento crucial marcó el comienzo de una misión transformadora que cambiaría el curso de la historia. La Cueva de Hira, enclavada en las escarpadas montañas de La Meca, se convirtió en un santuario para Muhammad, un lugar donde buscaba consuelo y reflexión lejos de la sociedad materialista y moralmente problemática de su tiempo.

La creciente preocupación de Mahoma por las injusticias sociales, la idolatría y la decadencia moral que prevalecían en la sociedad de La Meca lo llevaron a buscar respuestas y consuelo en la soledad. Incluso antes de recibir su primera revelación, Mahoma era conocido por su naturaleza contemplativa. A menudo se retiraba a la cueva de Hira, situada en el monte Noor, a pocos kilómetros de La Meca. Esta ubicación remota proporcionaba un entorno tranquilo y pacífico para la meditación y la oración.

A los cuarenta años, durante el mes de Ramadán, los retiros solitarios de Mahoma se intensificaron. Fue durante uno de estos retiros que el curso de su vida -y, de hecho, el curso de la historia humana- cambió para siempre. Una noche, mientras estaba en profunda meditación, ocurrió un evento extraordinario. Mahoma contó más tarde que un ángel, Gabriel, se le apareció. La presencia del ángel fue abrumadora, llenando la cueva con una luz intensa y una presencia imponente.

Gabriel se acercó a Mahoma con una orden que iniciaría la revelación del Corán: "¡Lee!". Mahoma, que era analfabeto, respondió: "No sé leer". Gabriel lo abrazó con fuerza y repitió la orden: "¡Lee!" una y otra vez, hasta que finalmente Mahoma preguntó: "¿Qué debo leer?". Gabriel entonces pronunció los primeros versículos de lo que se convertiría en el Corán:

"Lee en el nombre de tu Señor, que creó al hombre de un coágulo. Lee, pues tu Señor es el Generoso, que enseñó por medio de la pluma, y enseñó al hombre lo que éste no sabía" (Corán 96:1-5).

Estas palabras, grabadas en el corazón y la mente de Mahoma, fueron el comienzo de la revelación divina. La experiencia fue a la vez emocionante y aterradora. Al principio, Mahoma no estaba seguro de la naturaleza de lo que había sucedido. Temblando y lleno de asombro, corrió a casa para reunirse con su esposa, Jadiya, en busca de consuelo y tranquilidad. Le contó el extraordinario encuentro y le expresó sus temores e incertidumbres.

Jadiya, un pilar de apoyo y sabiduría, creyó inmediatamente en la autenticidad de la experiencia de Mahoma. Lo consoló y le aseguró que era íntegro, bondadoso y veraz. Para entender mejor la naturaleza de este acontecimiento, Jadiya buscó el consejo de su primo, Waraqa ibn Nawfal, un erudito cristiano. Después de escuchar el relato de Mahoma, Waraqa afirmó que la experiencia fue en verdad una revelación divina, similar a lo que había sido revelado a profetas anteriores como Moisés y Jesús. Reconoció a Gabriel como el mismo ángel que había traído mensajes a los profetas anteriores, y predijo que Mahoma sería el profeta de esta era.

La revelación inicial en la cueva de Hira marcó el comienzo de la misión profética de Mahoma, pero también significó un período de intensa lucha y preparación personal. Durante varios meses, las revelaciones cesaron, un período conocido como la "fatrah". Esta pausa puso a prueba la fe y la determinación de Mahoma, pero él continuó buscando la soledad y la reflexión en Hira, a la espera de más orientación.

Cuando se reanudaron las revelaciones, llegaron con un sentido de urgencia y claridad. La misión de Mahoma era llamar a su pueblo a la adoración del único Dios verdadero, Alá, y guiarlo hacia un camino de rectitud, justicia y compasión. Los primeros mensajes enfatizaban la unicidad de Dios, la importancia de la conducta moral y la inevitabilidad del Día del Juicio.

Con el apoyo inquebrantable de Jadiya, Mahoma comenzó a compartir las revelaciones con su familia y amigos más cercanos. Entre los primeros conversos al Islam se encontraban Jadiya, su primo Ali ibn Abi Talib, su amigo íntimo Abu Bakr y su sirviente Zaid ibn Haritha. Estos primeros creyentes formaron el núcleo de la naciente comunidad musulmana, unida por su fe en el mensaje revelado a Mahoma.

La cueva de Hira se convirtió así en la cuna de una revolución espiritual. Fue allí donde Mahoma, el honesto comerciante y miembro de confianza de la sociedad mecana, se transformó en el profeta del Islam. La experiencia en la cueva no fue sólo un despertar personal, sino el comienzo de un profundo viaje que desafiaría y transformaría a la sociedad árabe y, con el tiempo, al mundo.

El tiempo que pasó Mahoma en la cueva de Hira subraya la importancia de la contemplación, la soledad y la reflexión espiritual para fomentar un cambio profundo. Las revelaciones que recibió allí sentaron las bases del Corán, un texto que sigue guiando a millones de personas en todo el mundo. A medida que profundizamos en la vida de Mahoma, la importancia de estos primeros momentos de revelación se vuelve cada vez más clara, iluminando el camino que trazaría como mensajero de paz, justicia y compasión.

Capítulo 6: Los primeros creyentes

El período inicial de la profecía de Mahoma estuvo marcado por la silenciosa pero trascendental reunión de un pequeño grupo de seguidores devotos. Estos primeros creyentes, conocidos como los Sahabah (compañeros), desempeñaron un papel fundamental al apoyar a Mahoma y sentar las bases de la naciente comunidad musulmana. Sus historias de fe, sacrificio y compromiso inquebrantable con el mensaje del Islam ofrecen un poderoso testimonio del impacto transformador de las enseñanzas de Mahoma.

Después de la revelación inicial en la cueva de Hira, Mahoma comenzó a compartir el mensaje del monoteísmo con sus allegados. La primera persona que aceptó el Islam fue su amada esposa, Jadiya. Su inmediata fe en la misión profética de Mahoma le proporcionó un apoyo emocional y moral esencial. La sabiduría, la fortaleza y la devoción de Jadiya serían fundamentales en los primeros días del Islam, ayudando a sostener a Mahoma en tiempos de duda y dificultad.

Otro de los primeros conversos fue Ali ibn Abi Talib, primo joven de Mahoma. Alí, que se crió en la casa de Mahoma desde muy joven, se vio profundamente influido por el carácter y las enseñanzas de Mahoma. Cuando Mahoma compartió su experiencia y el mensaje del Islam con Ali, la aceptación del joven fue inmediata e inquebrantable. La dedicación de Ali al Islam y su estrecha relación con Mahoma lo convertirían más tarde en una de las figuras más importantes de la historia islámica.

Abu Bakr, un amigo cercano de Mahoma y un comerciante respetado, fue uno de los primeros varones adultos que abrazaron el Islam. Conocido por su integridad, sabiduría y naturaleza gentil, la aceptación del Islam por parte de Abu Bakr le dio credibilidad a la misión de Mahoma. Fue fundamental en la difusión del mensaje del Islam, utilizando su extensa red social para introducir a otros a la fe. Gracias a sus esfuerzos, varios notables primeros conversos se convirtieron al Islam, entre ellos Uthman ibn Affan, Abdur-Rahman ibn Awf, Sa'd ibn Abi Waqqas y Talha ibn Ubaydullah, todos los cuales desempeñarían papeles importantes en el futuro de la comunidad musulmana.

Zaid ibn Haritha, esclavo liberado de Mahoma e hijo adoptivo, también abrazó el Islam desde muy joven. Su lealtad y afecto por Mahoma eran bien conocidos, y su aceptación del Islam fortaleció aún más el vínculo entre ellos. La historia de Zaid es particularmente conmovedora, ya que refleja el carácter inclusivo del mensaje de Mahoma, que trascendía el estatus social y enfatizaba la igualdad de todos los creyentes.

Los primeros creyentes se enfrentaron a una considerable oposición y persecución por parte de los Quraysh, la poderosa tribu que dominaba la sociedad mecana. Los Quraysh veían el mensaje de Mahoma como una amenaza directa a su orden religioso, económico y social. El énfasis del Islam en el monoteísmo desafiaba las tradiciones politeístas centradas en la Kaaba, mientras que sus principios de justicia social e igualdad socavaban las arraigadas jerarquías y privilegios de las élites mecanas.

A pesar de la creciente presión, los primeros creyentes se mantuvieron firmes en su fe. A menudo se reunían en secreto para evitar el escrutinio y la hostilidad de los Quraysh. Uno de los primeros lugares de congregación fue la casa de Al-Arqam ibn Abi Al-Arqam, situada cerca de la colina de Safa. Esta humilde casa se convirtió en un santuario para los primeros musulmanes, donde podían aprender sobre el Islam, rezar juntos y encontrar consuelo en su creencia compartida.

Bilal ibn Rabah, un esclavo etíope, fue uno de los primeros conversos más notables. Su aceptación del Islam ejemplificó el profundo atractivo del mensaje de Mahoma para los marginados y oprimidos. El amo de Bilal lo sometió a una tortura brutal en un intento de obligarlo a renunciar a su fe, pero la resistencia de Bilal y su proclamación inquebrantable de "¡Ahad! ¡Ahad!" (¡Uno! ¡Uno!) se convirtieron en un poderoso símbolo de fe y resistencia. Finalmente, Abu Bakr compró la libertad de Bilal, y se convirtió en el primer muecín (llamador a la oración) en el Islam, con su melodiosa voz haciendo eco del llamado al monoteísmo.

Sumayyah bint Khayyat y su marido, Yasir, junto con su hijo, Ammar, también sufrieron una dura persecución por su fe. La firmeza de Sumayyah frente a la tortura la convirtió en la primera mártir del Islam. Su sacrificio y el de Yasir subrayaron el profundo compromiso de los primeros musulmanes y pusieron de relieve la brutal oposición a la que se enfrentaron por parte de los Quraysh.

El compromiso inquebrantable de los primeros creyentes con el Islam, a pesar de los peligros y las dificultades que afrontaron, fue un testimonio de su profunda convicción y de la naturaleza convincente del mensaje de Mahoma. Sus sacrificios y su resistencia sentaron las bases para el crecimiento y la difusión del Islam. El sentido de hermandad y solidaridad entre estos primeros seguidores fomentó un fuerte espíritu comunitario, que resultaría crucial cuando la comunidad musulmana se enfrentó a una persecución cada vez mayor.

Los primeros años de la misión de Mahoma se caracterizaron por un delicado equilibrio entre la devoción privada y el alcance estratégico. El enfoque de Mahoma durante este período se caracterizó por la paciencia, la perseverancia y el enfoque en construir una base sólida de fe entre sus seguidores más cercanos. Su capacidad para inspirar una profunda lealtad y compromiso en sus compañeros fue un reflejo de su profundo carácter y la naturaleza divina de su mensaje.

Al reflexionar sobre las historias de los primeros creyentes, recordamos el poder transformador de la fe y el impacto perdurable de las enseñanzas de Mahoma. Sus vidas de sacrificio, resiliencia y fe inquebrantable siguen inspirando a los musulmanes de todo el mundo y sirven como un poderoso recordatorio de las raíces de la fe islámica y los principios eternos de justicia, igualdad y compasión que encarna.

Capítulo 7: La predicación pública

Después de tres años de difundir en silencio el mensaje del Islam entre su familia y amigos más cercanos, el Profeta Muhammad recibió instrucciones divinas de hacer pública su misión. Esto marcó un punto de inflexión significativo, ya que las reuniones privadas en secreto pasaron a ser predicaciones abiertas, invitando a la gente de La Meca a abrazar el monoteísmo y las enseñanzas del Islam. Esta fase de predicación pública traería consigo tanto grandes éxitos como una intensa oposición.

El mandato de predicar públicamente llegó con la revelación del versículo: "Y advierte a tus parientes más cercanos" (Corán 26:214). Siguiendo esta directiva, Mahoma comenzó invitando a su familia extendida, los Quraysh, a una reunión en el Monte Safa. De pie en la colina, llamó a los diversos clanes de los Quraysh, usando sus nombres tribales para atraer su atención. Mientras la gente se reunía, les dio un mensaje claro y urgente: les advirtió del inminente Día del Juicio y los llamó a adorar al único Dios verdadero, Alá, abandonando sus ídolos y prácticas corruptas.

Este llamado inicial generó reacciones encontradas. Algunos, como su tío Abu Lahab, reaccionaron con hostilidad y desprecio. Abu Lahab declaró: "¡Muere, Muhammad! ¿Es por esto que nos has reunido?". Su antagonismo persistiría durante toda la misión de Muhammad, simbolizando la resistencia arraigada de la élite de La Meca. Sin embargo, otros miembros de su clan escucharon con curiosidad y respeto, incluso si no se convirtieron de inmediato.

Sin dejarse intimidar, Mahoma amplió sus esfuerzos y predicó a la sociedad mecana en general. Hablaba en los mercados, en la Kaaba y en cualquier lugar donde la gente se reuniera. Su mensaje enfatizaba la unicidad de Dios (tawhid), la importancia de la conducta moral, la justicia social y la necesidad de cuidar a los pobres y marginados. Estas enseñanzas desafiaban las desigualdades sociales y económicas que estaban rampantes en la sociedad mecana y planteaban una amenaza directa al poder y los privilegios de la élite de Quraysh.

Una de las primeras y más importantes conversiones públicas fue la de Umar ibn al-Jattab. Conocido por su fuerte personalidad y su oposición inicial al Islam, la conversión de Umar fue un punto de inflexión. Su aceptación del Islam no sólo reforzó a la comunidad musulmana, sino que también elevó su moral. El carácter audaz de Umar y su estatus influyente proporcionaron un nuevo nivel de protección y defensa a los creyentes, permitiéndoles practicar su fe con mayor confianza.

Sin embargo, la prédica pública también intensificó la hostilidad de los Quraysh, que veían al Islam como una amenaza a sus prácticas religiosas tradicionales, sus intereses económicos y su jerarquía social. Los líderes de Quraysh, en particular los que se beneficiaban del statu quo, lanzaron una campaña de persecución contra Mahoma y sus seguidores, que incluyó abusos verbales, ostracismo social, sanciones económicas y violencia física.

Entre las primeras víctimas de esta persecución se encontraban los miembros más débiles de la comunidad musulmana, en particular los esclavos y los pobres. Bilal ibn Rabah, por ejemplo, sufrió severas torturas por parte de su amo, que intentó obligarlo a renunciar al Islam. A pesar del dolor insoportable, la fe firme de Bilal se convirtió en un poderoso símbolo de resistencia y devoción. Sumayyah bint Khayyat y su esposo Yasir fueron torturados hasta la muerte, convirtiéndose en los primeros mártires del Islam. Su hijo, Ammar, también sufrió torturas brutales, pero se mantuvo firme en su fe.

En respuesta a la creciente hostilidad, Mahoma adoptó una estrategia de paciencia y perseverancia. Continuó predicando abiertamente, utilizando la sabiduría y la compasión para transmitir su mensaje. Su elocuencia, sinceridad y el profundo contenido moral y espiritual de las revelaciones atrajeron a muchos, a pesar de los riesgos. Entre quienes aceptaron el Islam durante este período había personas de diversos orígenes, incluidos ricos comerciantes, eruditos y esclavos, lo que refleja el atractivo universal del mensaje.

Para mitigar los efectos del boicot económico y social de los Quraysh, Mahoma y sus seguidores crearon un fuerte sentido de comunidad. Se apoyaban mutuamente, compartían recursos y brindaban refugio a los más vulnerables. El espíritu de hermandad y solidaridad entre los primeros musulmanes los ayudó a soportar las dificultades y fortaleció su determinación.

La creciente frustración de los Quraysh con la resistencia de la comunidad musulmana los llevó a intensificar sus esfuerzos para silenciar a Mahoma. Le ofrecieron riqueza, poder y estatus a cambio de que abandonara su misión, pero la respuesta de Mahoma fue inquebrantable. Famosamente declaró: "Si pusieran el sol en mi mano derecha y la luna en mi izquierda, no abandonaría este camino hasta que Alá me haga victorioso o perezca".

A medida que continuaba la predicación pública, las revelaciones que recibió Mahoma brindaron orientación, aliento y respuestas a los desafíos que enfrentaron los primeros musulmanes. Los versículos coránicos abordaron la persecución, ofrecieron consuelo y reforzaron la importancia de la fe, la paciencia y la perseverancia. También enfatizaron la universalidad del mensaje, estableciendo paralelismos con las experiencias de los profetas anteriores y sus comunidades.

A pesar de la persecución en aumento, el número de conversos aumentó de manera constante. El mensaje de Mahoma comenzó a atraer la atención más allá de La Meca y llegó a las tribus y regiones vecinas. Los principios de justicia, igualdad y compasión resonaron en muchas personas que estaban desilusionadas con el orden social existente.

El período de la predicación pública fue una época de intensa lucha y profunda transformación. El compromiso inquebrantable de Mahoma con su misión, su compasión por los oprimidos y su elocuente articulación del mensaje divino sentaron las bases de un movimiento que pronto trascendería las fronteras de La Meca. La resiliencia y la fe de los primeros creyentes, frente a una tremenda adversidad, dieron un poderoso ejemplo a las generaciones futuras y establecieron los principios perdurables de la fe islámica.

Al reflexionar sobre esta fase crítica de la vida de Mahoma, vemos las semillas de una profunda revolución espiritual y social. El coraje y la convicción de los primeros musulmanes, junto con el liderazgo inspirado de Mahoma, iniciaron un viaje que, en última instancia, cambiaría el curso de la historia humana.

Capítulo 8: Persecución y paciencia

A medida que el Profeta Muhammad continuó predicando públicamente, la resistencia de los Quraysh se intensificó, lo que llevó a un período marcado por una severa persecución y profundas pruebas de paciencia para los primeros musulmanes. La creciente amenaza a la hegemonía socioeconómica y religiosa de los Quraysh los impulsó a emplear medidas cada vez más duras para reprimir el naciente movimiento islámico.

La persecución comenzó con insultos y ostracismo social, con el objetivo de socavar la credibilidad de Mahoma y sus seguidores. A medida que el mensaje del Islam se difundía, los líderes de Quraysh intensificaron sus tácticas y recurrieron a la violencia física y a las sanciones económicas. Los primeros musulmanes, en particular los de orígenes menos privilegiados, se enfrentaron a una brutalidad implacable.

Bilal ibn Rabah, un ex esclavo que abrazó el Islam, fue sometido a torturas extremas. Su amo, Umayyah ibn Khalaf, colocaba una piedra pesada sobre el pecho de Bilal y lo dejaba bajo el sol abrasador, exigiéndole que se retractara de su fe. A pesar del dolor insoportable, la respuesta inquebrantable de Bilal, "¡Ahad! ¡Ahad!" (¡Uno! ¡Uno!) se convirtió en un símbolo de su firme creencia en la unicidad de Dios.

Sumayyah bint Khayyat y su marido Yasir también sufrieron torturas horribles por su fe. La negativa de Sumayyah a abandonar su creencia la convirtió en la primera mártir del Islam. Su muerte, junto con la de su marido Yasir, subrayó el profundo sacrificio de los primeros musulmanes y su compromiso inquebrantable con sus creencias.

Para aquellos de mayor estatus social, la persecución fue más sutil pero no menos dañina. Los Quraysh emplearon sanciones sociales y económicas para aislar a Mahoma y sus seguidores. Impusieron un boicot contra el clan Banu Hashim, la tribu de Mahoma, para presionarlos a abandonar su apoyo a él. Este boicot incluyó la prohibición de todo comercio e interacción social con los Banu Hashim, lo que condujo a graves dificultades económicas.

Durante este boicot, los musulmanes se enfrentaron a una escasez extrema de alimentos y recursos. Se vieron obligados a soportar condiciones de hambruna y aislamiento, pero su determinación se mantuvo inquebrantable. Mahoma y sus seguidores demostraron una paciencia y una resistencia notables durante este período, confiando en la sabiduría de Alá y manteniendo su compromiso con la fe.

Además de las presiones externas, los primeros musulmanes tuvieron que hacer frente a desafíos internos. La tensión entre mantener su fe y hacer frente a las duras realidades de la persecución puso a prueba su fortaleza espiritual. El papel de Mahoma como líder durante esta época fue crucial. Su paciencia, compasión y fe inquebrantable sirvieron como un faro de esperanza y resiliencia para sus seguidores.

El propio Profeta sufrió graves dificultades personales. La muerte de su amada esposa Jadiya y de su tío Abu Talib en un breve período fue una pérdida profunda. El fallecimiento de Jadiya marcó el fin de un período de inmenso apoyo y consuelo para Muhammad, mientras que la muerte de Abu Talib lo dejó sin un protector clave entre los Quraysh. Estas pérdidas intensificaron las pruebas del Profeta, ya que la hostilidad de los Quraysh se hizo aún más feroz.

A pesar de estas adversidades, el Profeta siguió liderando con perseverancia. Su paciencia y firmeza se convirtieron en un ejemplo para sus seguidores. Las revelaciones coránicas durante este período brindaron consuelo y orientación, enfatizando las virtudes de la paciencia y la resistencia frente a las pruebas. Versos como: "Tened paciencia, pues la promesa de Dios es la verdad" (Corán 30:60) reforzaron la importancia de permanecer firmes.

La resistencia de Mahoma y sus seguidores finalmente dio sus frutos. La opresión continua y la fe inquebrantable de los musulmanes atrajeron la simpatía y el apoyo de diversos sectores. Figuras notables, como el rey cristiano de Abisinia (la actual Etiopía), ofrecieron refugio a los musulmanes que intentaron escapar de la persecución. Este apoyo fue fundamental para preservar la comunidad musulmana primitiva durante los tiempos más difíciles.

Frente a una oposición implacable, la paciencia de Mahoma y la perseverancia de sus seguidores desempeñaron un papel decisivo en la supervivencia y el crecimiento posterior del movimiento islámico. Su capacidad para soportar el sufrimiento y permanecer fieles a pesar de los desafíos abrumadores demostró la fuerza de su convicción y el poder transformador de su mensaje.

El período de persecución y paciencia fue un capítulo decisivo en la historia temprana del Islam. Ilustraba los profundos sacrificios hechos por los primeros musulmanes y el firme liderazgo del Profeta. Sus experiencias de adversidades y resiliencia sentaron las bases para los éxitos posteriores del movimiento islámico, reforzando los principios de justicia, igualdad y perseverancia que se convertirían en el centro de la fe.

Al reflexionar sobre este período, reconocemos la importancia de la paciencia y la firmeza para superar la adversidad. Las lecciones aprendidas de la persecución y la fe perseverante de los primeros musulmanes siguen inspirando y guiando a los seguidores del Islam, ofreciendo un ejemplo eterno de resiliencia y devoción en la búsqueda de la justicia y la verdad.

Capítulo 9: El año del dolor

El Año del Dolor, también conocido como el "Año del Luto", fue un período de profundo dolor y penurias para el Profeta Muhammad y sus seguidores. Estuvo marcado por la muerte de dos de las figuras más importantes de su vida: su amada esposa Jadiya y su protector tío Abu Talib. Estas pérdidas tuvieron un profundo impacto en Muhammad a nivel personal, emocional y estratégico, intensificando aún más las pruebas que enfrentó la comunidad musulmana primitiva.

Jadiya bint Juwaylid, la primera esposa de Mahoma, fue un pilar de fortaleza y apoyo durante los primeros años de su profecía. Su fe inquebrantable, su apoyo moral y su ayuda económica fueron cruciales para el establecimiento del Islam. Su muerte en el año 619 d. C., poco después del fin del boicot social y económico impuesto por los Quraysh, marcó una pérdida significativa para Mahoma. La muerte de Jadiya no fue solo un golpe personal, sino también un revés emocional importante. Su muerte dejó a Mahoma sin una fuente constante de aliento y comprensión, lo que intensificó su soledad y su dolor.

La muerte de Jadiya también tuvo consecuencias más amplias para la comunidad musulmana. Como miembro respetado y rico de los Quraysh, su apoyo había protegido a Mahoma y a sus seguidores de los peores efectos de la persecución. Con su muerte, los musulmanes se enfrentaron a una mayor vulnerabilidad y falta de protección dentro de la estructura social de los Quraysh. Este cambio en el panorama sociopolítico ejerció una mayor presión sobre la comunidad musulmana, que ya había sufrido graves penurias.

Para colmo de males, Abu Talib, tío y tutor de Mahoma desde la infancia, también falleció ese mismo año. El papel de Abu Talib como protector fue vital para proteger a Mahoma de los ataques más severos de los Quraysh. Aunque nunca abrazó el Islam, el estatus y la influencia de Abu Talib entre los Quraysh proporcionaron cierta protección a Mahoma y sus seguidores. Su muerte dejó a Mahoma expuesto a una mayor hostilidad y oposición por parte de los líderes de los Quraysh, lo que complicó aún más la situación ya precaria de los primeros musulmanes.

La pérdida conjunta de Jadiya y Abu Talib tuvo profundas consecuencias personales y comunitarias. El dolor de Mahoma fue muy sentido y la ausencia de estas dos figuras cruciales amplificó las dificultades que enfrentaba la comunidad musulmana. El año estuvo marcado por una intensificación de la persecución y el ostracismo social, ya que los Quraysh vieron la oportunidad de aumentar la presión sobre la debilitada comunidad musulmana.

En este período de profundas pérdidas personales y de crecientes adversidades, Muhammad demostró una notable resiliencia y perseverancia. A pesar del profundo dolor que sentía, siguió liderando y apoyando a sus seguidores con compasión y fortaleza. Su fe inquebrantable en Alá y su compromiso con su misión se mantuvieron firmes, incluso mientras afrontaba los mayores desafíos del Año del Dolor.

Las dificultades de este año no estuvieron exentas de pruebas y lecciones. Las experiencias del Profeta durante este tiempo profundizaron su empatía y comprensión de las luchas que enfrentaban sus seguidores. Su paciencia y su fe perseverante se convirtieron en un ejemplo para la comunidad musulmana primitiva, reforzando su determinación y unidad frente a las crecientes dificultades.

El Año del Dolor marcó, en definitiva, un período de profunda transformación para el Profeta y la comunidad musulmana. Fue un período de profundo dolor personal, pero también de crecimiento espiritual y fortalecimiento de la fe. Los desafíos que afrontó y superó durante este año prepararon el terreno para los acontecimientos posteriores en la misión del Profeta y la expansión del Islam.

Al reflexionar sobre el Año del Dolor, nos damos cuenta de la resiliencia y la perseverancia necesarias para superar profundos desafíos personales y comunitarios. Las pruebas que afrontamos durante este tiempo ponen de relieve la fortaleza y la dedicación de Mahoma y sus seguidores, cuyo compromiso inquebrantable con su fe siguió inspirando y guiando a la comunidad musulmana en los momentos más oscuros.

Capítulo 10: El viaje nocturno y la ascensión

El Viaje Nocturno y la Ascensión, o Isra y Mi'raj, es uno de los acontecimientos más profundos y milagrosos de la tradición islámica. Este acontecimiento, que tuvo lugar en el año 620 d. C., es un testimonio de la conexión divina entre el Profeta Muhammad y Alá. Es un momento crucial que subraya la importancia espiritual de la misión de Mahoma y el profundo vínculo entre los reinos terrenal y celestial.

Según la tradición islámica, el viaje comenzó una noche en la que el profeta Mahoma se encontraba en La Meca. Fue transportado milagrosamente desde la Kaaba hasta la mezquita de Al-Aqsa en Jerusalén por un corcel celestial conocido como Buraq. Esta parte del viaje se conoce como Isra. La transición de La Meca a Jerusalén fue descrita como rápida y acompañada de una sensación de presencia divina. Al llegar a la mezquita de Al-Aqsa, Mahoma fue recibido por profetas anteriores, entre ellos Abraham, Moisés y Jesús. Este encuentro simbolizó la continuidad de la guía divina y la conexión entre el Islam y las religiones abrahámicas anteriores.

Desde Jerusalén, Mahoma emprendió la segunda parte del viaje conocido como Mi'raj, la Ascensión. Ascendió a través de los siete cielos, se encontró con varios profetas y presenció el esplendor divino de los reinos celestiales. Cada cielo reveló una escena diferente y proporcionó a Mahoma una visión profunda de la naturaleza de la creación y el orden celestial. Conoció a figuras clave, entre ellas Adán, Juan el Bautista (Yahya), Jesús (Isa), José (Yusuf) y otros. Estos encuentros reforzaron la unidad y la continuidad de los mensajes proféticos a lo largo de la historia.

El clímax del Miraj fue el encuentro de Mahoma con Alá. Este encuentro directo, aunque descrito en términos simbólicos, fue un momento de profundo significado. Enfatizó la conexión íntima y directa entre el Profeta y lo Divino. Durante este encuentro, a Mahoma se le ordenó establecer la práctica de las oraciones diarias (Salah) para sus seguidores. Inicialmente, la orden era de cincuenta oraciones diarias, pero siguiendo el consejo de Moisés, Mahoma intercedió y el requisito se redujo a cinco oraciones diarias. Este acto de intercesión destacó el papel del Profeta como mediador entre Alá y los creyentes, reflejando tanto la humildad como la misericordia divina.

Al regresar a La Meca, Mahoma describió con gran detalle los acontecimientos del Viaje Nocturno y la Ascensión a sus compañeros. Mientras que algunos en La Meca se mostraron escépticos y descartaron su relato como imposible, muchos de sus seguidores se tranquilizaron y fortalecieron su fe. La experiencia sirvió para reforzar el significado espiritual de la misión del Profeta y la validación divina de su liderazgo.

El Viaje Nocturno y la Ascensión no fueron sólo experiencias físicas, sino también profundamente espirituales. Simbolizaron la conexión entre los reinos terrenal y celestial y subrayaron la importancia de la oración y la comunicación directa con Alá. El viaje sirvió como un profundo recordatorio de la dimensión espiritual de la misión de Mahoma y el papel central de la guía divina en la vida del Profeta y sus seguidores.

El acontecimiento se conmemora en la tradición islámica como símbolo de la estrecha relación entre la Divinidad y el Profeta. Se considera una validación del papel de Mahoma como mensajero final y un recordatorio de la realidad espiritual más allá del mundo material. La importancia del viaje se refleja en las oraciones establecidas para los musulmanes, que siguen siendo una piedra angular de la práctica islámica.

Al reflexionar sobre el Viaje Nocturno y la Ascensión, obtenemos una perspectiva de la profunda experiencia espiritual del Profeta Muhammad y la conexión divina que guió su misión. El evento subraya el profundo vínculo entre el Profeta y Alá y destaca las dimensiones espirituales y prácticas de las enseñanzas islámicas. Sirve como un recordatorio eterno del propósito divino detrás de la profecía de Muhammad y la importancia perdurable de la fe y la oración en la vida de los musulmanes.

Capítulo 11: En busca de refugio en Taif

Después de soportar una intensa persecución y una creciente hostilidad por parte de los Quraysh en La Meca, el Profeta Muhammad buscó un refugio que pudiera ofrecerle un respiro y una posible nueva base para su misión. La ciudad de Taif, situada a unos 96 kilómetros al sureste de La Meca, surgió como un destino prometedor. El viaje a Taif marcó un capítulo importante en la vida de Muhammad, destacando tanto su perseverancia como los desafíos que enfrentó para difundir el mensaje del Islam.

Tras el Año de los Dolores, en el que murieron su amada esposa Jadiya y su tío protector Abu Talib, Mahoma se enfrentó a una creciente animosidad por parte de los Quraysh. Su resistencia al Islam se hizo más pronunciada y el Profeta, sintiendo el peso de la creciente hostilidad, trató de encontrar apoyo en otros lugares. Taif, una ciudad conocida por su relativa independencia de los Quraysh y su vibrante comercio, fue elegida como un posible refugio donde podría buscar aliados y propagar su mensaje.

Al llegar a Taif, Mahoma se dirigió a sus líderes para pedirles apoyo y protección. Esperaba encontrar un público acogedor que pudiera acoger las enseñanzas del Islam y ofrecerles un refugio frente a las condiciones opresivas de La Meca. Sin embargo, los líderes de la ciudad no fueron receptivos. En lugar de ofrecerle el apoyo que Mahoma buscaba, respondieron con burla y hostilidad.

Los líderes de Taif eran figuras influyentes de la tribu Thaqif y su reacción fue rápida y dura. Ridiculizaron a Mahoma y su mensaje, cuestionaron su credibilidad y desestimaron sus afirmaciones. Su desdén no fue meramente verbal; incitaron a la gente de la ciudad contra él, lo que provocó una recepción hostil. Las calles de Taif se llenaron de desprecio y Mahoma se convirtió en el blanco de burlas y abusos.

La situación se tornó más sombría cuando los líderes enviaron a sus sirvientes y niños a burlarse de Mahoma y a arrojarle piedras. Este abuso físico lo expulsó de la ciudad y agravó el dolor emocional del rechazo. A pesar del severo costo físico y emocional, la determinación de Mahoma se mantuvo inquebrantable. Su compromiso con su misión y su paciencia frente a la adversidad fueron notables.

Durante su estancia en Taif, Muhammad sufrió enormes penurias. La recepción hostil y el maltrato físico pusieron de relieve los desafíos que enfrentó en su misión de difundir el mensaje del Islam. A pesar de ello, siguió centrado en su objetivo de encontrar apoyo para su pueblo y continuó rezando y buscando la ayuda divina.

Uno de los aspectos más conmovedores de la estancia de Muhammad en Taif fue su sentida súplica a Dios. En un momento de profunda desesperación, Muhammad oró: "Oh Dios, me quejo ante Ti de mi debilidad, mi falta de recursos y mi insignificancia ante la gente. Oh, el Más Misericordioso de los misericordiosos, Tú eres el Señor de los débiles y mi Señor. ¿A quién me confías? ¿A una persona distante que me recibe con hostilidad, o a un enemigo a quien le has dado autoridad sobre mis asuntos? Si no estás enojado conmigo, no me importa, pero Tu protección es un favor más expansivo. Busco refugio en la luz de Tu Rostro, que ilumina la oscuridad y corrige los asuntos de este mundo y del Más Allá".

Esta súplica pone de relieve la profunda fe de Mahoma y su confianza en Dios para recibir fortaleza y guía. A pesar del rechazo y el abuso que enfrentó, su confianza en la sabiduría y la misericordia de Dios le brindaron la resiliencia necesaria para continuar su misión.

En respuesta a las pruebas de Taif, Alá envió al ángel Jibril (Gabriel) para consolar a Mahoma. El ángel le ofreció la oportunidad de castigar a los líderes de la ciudad si así lo deseaba. Sin embargo, la compasión y la preocupación de Mahoma por la gente de Taif prevalecieron. Decidió no buscar venganza, sino que rezó para que los guiaran y deseó que finalmente aceptaran el Islam.

Tras la difícil experiencia que vivió en Taif, Mahoma regresó a La Meca con una renovada determinación. Las pruebas que enfrentó en Taif, aunque dolorosas, reforzaron aún más su resolución y profundizaron su fe. Su paciencia y compromiso durante este período ejemplificaron su firme dedicación a su misión y su esperanza perdurable en el éxito final de su mensaje.

La experiencia de Taif pone de relieve los profundos desafíos que enfrentó el Profeta Muhammad en su misión de difundir el Islam. Ilustra su inquebrantable paciencia, compasión y dedicación frente a la adversidad. A pesar del rechazo y la hostilidad que encontró, las experiencias de Muhammad en Taif sirvieron para refinar su carácter y fortalecer su determinación, preparándolo para las fases posteriores de su misión profética.

Al reflexionar sobre este capítulo, nos damos cuenta de la profundidad de la perseverancia de Muhammad y de las pruebas que soportó en aras de su misión. El episodio de Taif es un poderoso recordatorio de la importancia de la paciencia, la compasión y la firmeza frente a las dificultades, y sirve como testimonio de la fortaleza y la resiliencia del Profeta Muhammad en la búsqueda de su misión divina.

Capítulo 12: La Promesa de Aqaba

El Juramento de Aqaba representa un momento crucial en la historia del Islam, ya que marca la transición de una fase de persecución a una de establecimiento político y social. Este acontecimiento, que tuvo lugar en el año 621 d.C., implicó una alianza crucial entre el profeta Mahoma y las tribus de Yathrib (más tarde conocida como Medina). El Juramento fue decisivo para asegurar el apoyo a la naciente comunidad musulmana y preparar el terreno para la migración (Hégira) a Medina, que se convertiría en el nuevo centro del Estado islámico.

El contexto del Juramento de Aqabah comenzó con los esfuerzos constantes del Profeta Muhammad por encontrar apoyo y protección para sus seguidores. La creciente hostilidad en La Meca y el rechazo que sufrían en Taif dejaron a los primeros musulmanes en una posición precaria. El mensaje del Profeta había ganado fuerza entre varias tribus e individuos en toda la Península Arábiga, pero todavía se necesitaba apoyo concreto para asegurar la supervivencia y el crecimiento de la comunidad musulmana.

Yathrib, una ciudad al norte de La Meca, surgió como un aliado prometedor. Era un asentamiento próspero con una población diversa, que incluía tanto judíos como tribus árabes, y había sido receptiva al mensaje del Islam a través de contactos anteriores. En los meses previos al Juramento de Aqaba, una delegación de Yathrib había visitado La Meca y manifestado interés en las enseñanzas del Islam. Quedaron impresionados por el énfasis del mensaje en la justicia, la igualdad y la realización espiritual, que resonaba con sus propias aspiraciones de una sociedad más unificada y equitativa.

El Juramento de Aqabah se realizó en dos fases. El primer juramento, conocido como el Juramento de Aqabah I, tuvo lugar en el año 621 d. C., cuando doce representantes de Yathrib se reunieron con el profeta Mahoma. Durante esta reunión inicial, se comprometieron a apoyar a Mahoma y a sus seguidores, ofreciéndoles su protección y prometiendo defender los principios del Islam. Este primer juramento fue importante para establecer el vínculo inicial entre los musulmanes y el pueblo de Yathrib, sentando las bases para una mayor colaboración.

El Juramento de Aqabah II, más notable y significativo, se celebró un año después, en el año 622 d. C., y contó con la presencia de setenta y tres hombres y dos mujeres de Yathrib. Esta reunión más grande y formal se celebró en el sitio de Aqabah, un lugar cercano a La Meca. Los participantes vinieron para reafirmar su compromiso y hacer un juramento formal de lealtad a Mahoma. Este juramento, conocido como el "Juramento de Guerra", incluía varios compromisos clave:

1. **Apoyo y protección:** Los habitantes de Yathrib se comprometieron a brindar protección a Mahoma y a sus seguidores contra cualquier adversario. Este apoyo fue crucial para los musulmanes, que se enfrentaron a una dura oposición en La Meca.

2. **Aceptación de los principios islámicos:** Acordaron defender los principios del Islam y trabajar para difundir el mensaje dentro de su propia comunidad, asegurando que las enseñanzas del Islam se implementarían en sus vidas y en su gobierno.

3. **Asistencia en caso de conflicto:** Los representantes de Yathrib se comprometieron a ayudar a Muhammad en cualquier conflicto que pudiera surgir y a apoyarlo en tiempos de lucha.

La Promesa de Aqabah II fue un punto de inflexión para la comunidad musulmana. Proporcionó al profeta Mahoma y a sus seguidores la seguridad y el apoyo que necesitaban para planificar su migración a Yathrib, que ahora estaba a punto de convertirse en la nueva base del Estado islámico. La migración, conocida como la Hégira, marcó el comienzo de un nuevo capítulo en la historia islámica y simbolizó la transición de una fase de persecución a otra de consolidación y crecimiento.

La importancia del Juramento de Aqaba se extendió más allá de sus implicaciones prácticas inmediatas. Demostró el compromiso cada vez más profundo de la comunidad musulmana y la creciente influencia del Islam entre las tribus de Arabia. El apoyo de Yathrib significó el comienzo de un nuevo orden político y social que se centraría en las enseñanzas del Islam. También puso de relieve la perspicacia estratégica del Profeta para forjar alianzas y asegurar el futuro de su misión.

Además de su impacto político y social, el Juramento de Aqaba puso de relieve la unidad y la solidaridad de la comunidad musulmana. El juramento de lealtad forjó un fuerte vínculo entre Mahoma y el pueblo de Yathrib, que más tarde sería conocido como los Ansar (los ayudantes). Este vínculo de apoyo mutuo y valores compartidos se convirtió en una piedra angular del Estado islámico primitivo y preparó el terreno para los acontecimientos posteriores en la comunidad musulmana.

A medida que se acercaba el momento de la Hégira, se estaban realizando los preparativos para la migración y el establecimiento de una nueva comunidad en Yathrib. La Promesa de Aqaba había sentado las bases para esta importante transición, proporcionando tanto el apoyo como el marco necesarios para el establecimiento exitoso del Estado islámico.

Al reflexionar sobre el Juramento de Aqaba, obtenemos una visión de las dimensiones estratégicas y espirituales del liderazgo de Mahoma. El evento subraya la importancia de las alianzas, el apoyo mutuo y el compromiso para promover una causa. También destaca el profundo impacto de la dedicación de los primeros musulmanes y el papel crucial de los Ansar en el crecimiento y desarrollo de la comunidad islámica. El Juramento de Aqaba sigue siendo un testimonio del poder transformador de la fe, la colaboración y el compromiso inquebrantable frente a la adversidad.

Capítulo 13: La Hégira (Migración a Medina)

La Hégira, o migración a Medina, marca un capítulo transformador en la historia del Islam. Este acontecimiento crucial, que tuvo lugar en el año 622 d. C., representa la transición del profeta Mahoma y sus seguidores desde La Meca, una ciudad plagada de persecución, a Yathrib, que más tarde sería rebautizada como Medina. La Hégira no solo significa una reubicación física, sino que también anuncia el establecimiento del Estado islámico y el comienzo de una nueva era en el calendario islámico.

La decisión de emigrar surgió de la creciente hostilidad que afrontaban los primeros musulmanes en La Meca. La tribu Quraysh, que tenía un poder e influencia significativos en la ciudad, había intensificado sus esfuerzos por reprimir el mensaje de Mahoma. Los seguidores del Profeta sufrieron una persecución cada vez mayor, que incluyó abusos físicos, ostracismo social y sanciones económicas. El empeoramiento de las condiciones subrayó la urgente necesidad de un santuario donde la comunidad musulmana pudiera practicar su fe libremente y desarrollar una estructura social cohesionada.

Yathrib, una ciudad situada a unos 320 kilómetros al norte de La Meca, surgió como un faro de esperanza. Los habitantes de la ciudad, incluidas varias tribus como los aws y los khazraj, habían mostrado previamente interés en el Islam y habían ofrecido su apoyo. Esto culminó en el Compromiso de Aqabah, en el que los representantes de Yathrib se comprometieron a proteger a Mahoma y a sus seguidores. El compromiso fue un factor decisivo en la decisión de emigrar, ya que proporcionó tanto el aliento como la seguridad necesarios para una decisión tan importante.

La migración fue planeada meticulosamente para evitar ser detectados y enfrentarse a los Quraysh. El Profeta Muhammad y sus compañeros emprendieron este viaje con un sentido de propósito y una profunda confianza en la guía de Alá. El plan incluía dos rutas principales: una para el Profeta y sus compañeros más cercanos y otra para la comunidad musulmana en general.

La migración del Profeta comenzó con su salida de La Meca, acompañado por su amigo más cercano y confidente, Abu Bakr al-Siddiq. Para evadir las patrullas de los Quraysh y garantizar su seguridad, tomaron una ruta menos transitada a través del desierto. Esta ruta estuvo plagada de desafíos, incluido el duro entorno del desierto y la constante amenaza de ser perseguidos por las fuerzas de La Meca. A pesar de estos obstáculos, el viaje estuvo marcado por momentos significativos de intervención y apoyo divinos.

Un incidente notable durante la Hégira fue el encuentro con un guía beduino llamado Abdullah ibn Uraykit, que fue contratado para guiar al Profeta y a Abu Bakr a través del desierto. A pesar de no ser musulmán en un principio, demostró una gran honestidad y compromiso con la tarea. El viaje también incluyó una breve estancia en la cueva de Thawr, donde el Profeta y Abu Bakr se escondieron para evitar ser detectados. Durante este tiempo, fueron perseguidos por exploradores de Quraysh, pero la cueva les proporcionó un santuario temporal. La famosa historia de una araña que tejió su tela sobre la entrada de la cueva, lo que ocultó su presencia, se cuenta a menudo como una señal milagrosa de protección divina.

Al llegar a Yathrib, Muhammad y sus seguidores fueron recibidos con entusiasmo y calidez. Los habitantes de Yathrib, conocidos como los Ansar (los ayudantes), recibieron al Profeta y a sus compañeros con los brazos abiertos. La ciudad se transformó en el centro del estado islámico y la migración marcó el comienzo de una nueva fase en la misión del Profeta.

El establecimiento de la nueva comunidad en Medina estuvo marcado por varios acontecimientos clave. Una de las primeras tareas fue establecer un marco social y político que garantizara la armonía y la justicia entre los diversos grupos que residían en la ciudad. El Profeta Muhammad desempeñó un papel crucial en este proceso al redactar la Constitución de Medina, también conocida como la Carta de Medina. Este documento sentó las bases para una sociedad multirreligiosa y multitribal, y describió los derechos y responsabilidades de todos los miembros de la comunidad, incluidos musulmanes, judíos y otros grupos.

La Constitución de Medina se considera una de las primeras formas de constitución escrita del mundo. Su objetivo era crear una sociedad cohesionada y justa abordando cuestiones de gobernanza, defensa mutua y relaciones intercomunitarias. El documento establecía principios de igualdad y justicia, y destacaba la importancia de la cooperación y el respeto mutuo entre los diversos habitantes de la ciudad.

Otro aspecto importante de la Hégira fue la construcción de la primera mezquita de Medina, conocida como la Mezquita del Profeta (Masjid al-Nabawi). Esta mezquita se convirtió en el centro de las actividades religiosas, sociales y políticas del nuevo Estado islámico. Era un lugar de culto, de reunión comunitaria y un centro para la administración del Estado. La construcción de la mezquita simbolizó la base física y espiritual de la nueva comunidad musulmana de Medina.

La migración también marcó el comienzo del calendario islámico. La Hégira es tan importante que se utiliza como punto de partida del calendario lunar islámico, conocido como calendario Hijri. Este sistema de calendario refleja la importancia de la migración como punto de inflexión en la historia islámica y sirve como recordatorio de la perseverancia del Profeta y el establecimiento del Estado islámico.

El impacto de la Hégira fue profundo y de largo alcance. Permitió a la comunidad musulmana prosperar en un entorno propicio, libre de la severa persecución que había caracterizado sus primeros años en La Meca. El establecimiento de Medina como centro de la vida islámica sentó las bases para el crecimiento y la expansión del Estado islámico. También marcó el comienzo de una serie de acontecimientos importantes, entre ellos enfrentamientos militares con los Quraysh, la consolidación del poder político y la expansión de la comunidad musulmana.

Al reflexionar sobre la Hégira, vemos un momento crucial en la historia del Islam que encarna los temas de la perseverancia, la confianza en la guía divina y la importancia del apoyo de la comunidad. La migración a Medina no sólo aseguró la supervivencia de la comunidad musulmana primitiva, sino que también sentó las bases para los éxitos y expansiones posteriores del Estado islámico. Sigue siendo un poderoso símbolo de la resiliencia y la fe del Profeta Muhammad y sus seguidores, que ilustra el impacto transformador de su compromiso con sus creencias y su determinación de establecer una sociedad justa y equitativa.

Capítulo 14: La construcción del Estado musulmán

El establecimiento del Estado musulmán en Medina después de la Hégira marcó un cambio significativo: de una minoría perseguida a una comunidad estructurada y organizada. El liderazgo del profeta Mahoma durante este período transformador no sólo implicó establecer prácticas religiosas, sino también sentar las bases para un sistema político y social funcional. Este capítulo examina los aspectos clave de la construcción del Estado musulmán, centrándose en la formación de la comunidad, el establecimiento de un gobierno y el desarrollo de estrategias diplomáticas y militares.

Al llegar a Medina, el Profeta Muhammad se enfrentó a la tarea de unificar a un grupo diverso de personas, incluidos los Ansar (ayudantes), que lo habían apoyado a él y a sus seguidores durante la migración, y los Muhayirun (emigrantes), que habían huido de La Meca. Medina era el hogar de varias tribus, incluidos los Aws y los Khazraj, así como tribus judías con tradiciones y estructuras sociales distintas. La primera prioridad del Profeta fue fomentar la unidad entre estos grupos y establecer una comunidad cohesionada unida por valores y objetivos compartidos.

Un aspecto central de esta unificación fue la redacción de la Constitución de Medina, un documento pionero que esbozaba los derechos y responsabilidades de todos los miembros de la comunidad. Esta constitución sirvió como contrato social, estableciendo principios de cooperación, defensa mutua y libertad religiosa. Reconocía la naturaleza diversa de los habitantes de Medina y buscaba crear una sociedad armoniosa abordando cuestiones relacionadas con el gobierno, las relaciones entre grupos y la resolución de conflictos. La Constitución de Medina se considera uno de los primeros ejemplos de una constitución escrita, y refleja el compromiso del Profeta con la justicia y la igualdad.

La creación de la Mezquita del Profeta (Masjid al-Nabawi) fue otro acontecimiento crucial en la construcción del Estado musulmán. La mezquita era el centro de la vida religiosa, un lugar de reunión de la comunidad y un centro de actividades administrativas. Su construcción no fue un mero acto religioso, sino también un paso práctico para crear un espacio donde la comunidad pudiera reunirse, debatir asuntos importantes y participar en el culto comunitario. La mezquita se convirtió en un símbolo del nuevo Estado islámico y desempeñó un papel central en el fomento de la cohesión espiritual y social de la comunidad musulmana.

El Profeta Muhammad también se centró en establecer un sistema de gobierno que reflejara los principios islámicos. El liderazgo del Estado se basaba en la consulta (shura) y la rendición de cuentas, y el Profeta actuaba como líder religioso y político. Este doble papel le permitía guiar a la comunidad según las enseñanzas islámicas y, al mismo tiempo, abordar cuestiones prácticas de gobierno. El estilo de liderazgo del Profeta enfatizaba la equidad, la consulta y la importancia de la conducta ética, sentando un precedente para los futuros gobernantes musulmanes.

El establecimiento de la ley y el orden fue otro aspecto fundamental de la construcción del Estado musulmán. El Profeta implementó un sistema de justicia basado en los principios islámicos, incluidos el Corán y los hadices (dichos y acciones del Profeta). Los asuntos legales se juzgaban de acuerdo con estas fuentes, lo que garantizaba que se hiciera justicia y que se protegieran los derechos de las personas. El establecimiento de un sistema judicial era esencial para mantener el orden social y resolver las disputas dentro de la comunidad.

Además de la consolidación interna, el profeta Mahoma también se centró en las relaciones exteriores y la diplomacia. Los primeros años en Medina estuvieron marcados por las interacciones con las tribus y los estados vecinos, incluidos los Quraysh de La Meca y varias tribus judías. Se hicieron esfuerzos diplomáticos para asegurar alianzas y evitar conflictos innecesarios. El Tratado de Hudaybiyyah, firmado en el año 628 d. C., fue un ejemplo notable de negociación diplomática. Este tratado, que inicialmente se percibió como desfavorable para los musulmanes, sirvió en última instancia para establecer un período de paz y permitió la expansión de la comunidad musulmana.

Las estrategias militares también fueron un componente clave de la construcción del Estado musulmán. En los primeros años de Medina se libraron varias batallas importantes, entre ellas la batalla de Badr, la batalla de Uhud y la batalla de la Trinchera. Estas batallas no sólo fueron medidas defensivas, sino que también fueron cruciales para establecer la credibilidad del Estado musulmán y asegurar su posición en la región. Las campañas militares se llevaron a cabo con previsión estratégica y se guiaron por principios de justicia y conducta ética, que reflejaban los valores más amplios del Estado islámico.

El desarrollo del Estado musulmán también implicó reformas económicas y sociales. El profeta Mahoma implementó políticas destinadas a mejorar el bienestar de la comunidad, incluida la distribución de la riqueza, la prestación de apoyo a los necesitados y la promoción de la justicia económica. El establecimiento del zakat (donaciones caritativas) y el énfasis en las prácticas comerciales justas fueron fundamentales para la creación de una sociedad justa y equitativa.

Los primeros años en Medina se caracterizaron por desafíos importantes, entre ellos la disidencia interna, las amenazas externas y la tarea de integrar a diversos grupos en una comunidad cohesionada. Sin embargo, el liderazgo del profeta Mahoma, guiado por los principios islámicos y el compromiso con la justicia, sentó las bases para un estado musulmán próspero y duradero. Los principios establecidos durante este período siguieron influyendo en el desarrollo de los estados islámicos posteriores y siguen siendo una fuente de inspiración para la gobernanza y la organización social musulmanas.

Al reflexionar sobre el proceso de construcción del Estado musulmán, vemos que se trató de una tarea compleja y multifacética que abarcó dimensiones religiosas, políticas, sociales y militares. El Estado islámico primitivo de Medina representa un modelo de gobierno basado en principios éticos, cooperación comunitaria y visión estratégica. Las bases que se sentaron durante este período prepararon el terreno para la expansión y el desarrollo de la comunidad islámica, moldeando el curso de la historia islámica e influyendo en el mundo en general.

Capítulo 15: Primeros conflictos y batallas

Los primeros conflictos y batallas durante los años de formación del Estado islámico en Medina fueron fundamentales para dar forma a la trayectoria de la misión del Profeta Muhammad. Estos conflictos no fueron simplemente enfrentamientos militares, sino que estaban profundamente entrelazados con la lucha más amplia por la supervivencia y el establecimiento de la comunidad musulmana. Las batallas de Badr, Uhud y la Trinchera, en particular, fueron eventos significativos que pusieron a prueba la resistencia de los primeros musulmanes y desempeñaron un papel crucial en la consolidación del Estado musulmán.

La batalla de Badr, que se libró el 13 de marzo del año 624 d. C., fue el primer conflicto importante entre los musulmanes de Medina y los Quraysh de La Meca. Los Quraysh, impulsados por el deseo de afirmar su dominio y tomar represalias contra los musulmanes por su emigración a Medina, movilizaron un gran ejército para enfrentarse a los musulmanes. El profeta Mahoma, a pesar de contar con una fuerza menor y menos equipada, dirigió a sus seguidores con perspicacia estratégica y un profundo sentido de propósito.

La victoria de los musulmanes en Badr fue un momento decisivo para el Estado islámico en sus inicios. La batalla demostró la eficacia del liderazgo del Profeta y la fuerza de la fe y la unidad de la comunidad musulmana. La victoria también sirvió para reforzar la moral de los musulmanes y consolidar su posición en la región. Marcó un punto de inflexión, brindándoles un sentido de legitimidad y fomentando un mayor apoyo de las tribus vecinas.

Tras la batalla de Badr, las tensiones con los Quraysh siguieron aumentando. Los Quraysh, indignados por su derrota y la pérdida de sus bienes económicos, buscaron vengar su humillación. El enfrentamiento posterior se produjo en la batalla de Uhud, que tuvo lugar el 23 de marzo de 625 d. C. A diferencia de Badr, la batalla de Uhud no se saldó con una victoria clara para los musulmanes. Los Quraysh, tras reagruparse y reforzar sus fuerzas, se enfrentaron a los musulmanes en una batalla feroz y prolongada.

La batalla de Uhud estuvo marcada por desafíos importantes para los musulmanes. La ventaja inicial que tenían se vio erosionada debido a errores estratégicos y a la falta de coordinación entre las fuerzas musulmanas. Un error crítico fue no mantener las posiciones de los arqueros, lo que provocó un cambio de suerte y una mayor presión sobre las tropas musulmanas. La batalla también fue notable por las graves bajas que sufrieron los musulmanes, incluidas las heridas sufridas por el propio Profeta Muhammad.

A pesar del revés sufrido en Uhud, los musulmanes demostraron una notable resistencia y perseverancia. La batalla sirvió como experiencia de aprendizaje, poniendo de relieve la importancia de la disciplina, la planificación estratégica y la necesidad de unidad entre las fuerzas musulmanas. El liderazgo del profeta Mahoma y la firmeza de sus seguidores fueron cruciales para superar las consecuencias inmediatas de la batalla y seguir construyendo el Estado musulmán.

El tercer conflicto importante, conocido como la Batalla de la Trinchera (o Batalla de Khandaq), tuvo lugar a finales del año 627 d. C. La batalla fue una respuesta a una coalición de Quraysh y tribus aliadas que buscaban sitiar Medina y debilitar el naciente Estado islámico. En previsión de esta amenaza, los musulmanes, guiados por la previsión estratégica del Profeta, cavaron una trinchera alrededor de la ciudad de Medina para fortificar sus defensas.

La Batalla de la Trinchera se caracterizó por un asedio prolongado, en el que las fuerzas musulmanas se enfrentaron a la coalición desde detrás de sus fortificaciones defensivas. La trinchera neutralizó eficazmente la caballería enemiga e impidió un asalto directo a la ciudad. El conflicto acabó en un punto muerto, y las fuerzas de la coalición se retiraron tras un período de esfuerzos sostenidos pero infructuosos por abrir una brecha en las defensas.

La exitosa defensa de Medina durante la Batalla de la Trinchera fue un logro significativo para los musulmanes, pues demostró su capacidad para responder con eficacia a las amenazas externas y reforzó su determinación y unidad. La batalla también marcó un punto de inflexión en la relación entre los musulmanes y los Quraysh, ya que demostró la creciente fuerza y resistencia del Estado musulmán.

Estos primeros conflictos y batallas desempeñaron un papel crucial en el desarrollo del Estado islámico. Pusieron a prueba la capacidad estratégica y de liderazgo del Profeta Muhammad y sus seguidores, y cada batalla contribuyó a la consolidación y el crecimiento de la comunidad musulmana. Las experiencias adquiridas en estos conflictos sirvieron de base para las estrategias y decisiones posteriores, y moldearon el curso de la historia islámica.

Al reflexionar sobre los primeros conflictos, vemos que fueron fundamentales para la supervivencia y la expansión del Estado musulmán. Las batallas de Badr, Uhud y la Trinchera no sólo pusieron a prueba la capacidad militar de los musulmanes, sino que también reforzaron su compromiso con su fe y su comunidad. La resistencia y la determinación demostradas durante estos primeros conflictos fueron fundamentales para establecer un Estado islámico estable y duradero, sentando las bases para futuros éxitos y avances en la historia islámica.

Capítulo 16: El tratado de Hudaybiyyah

El Tratado de Hudaybiyyah, firmado en marzo del año 628 d. C., es uno de los acuerdos diplomáticos más importantes de la historia islámica temprana. Este tratado fue establecido entre el Profeta Muhammad y la tribu Quraysh de La Meca y marcó un punto de inflexión crucial en la relación entre los musulmanes y sus adversarios mecanos. La importancia del tratado radica en su impacto en el panorama político de la época, sus beneficios estratégicos para la comunidad musulmana y su papel en allanar el camino para la conquista final de La Meca.

El Tratado de Hudaybiyyah se celebró en el contexto del conflicto en curso entre los musulmanes de Medina y los Quraysh de La Meca. Tras las primeras batallas y escaramuzas, ambos bandos habían sufrido pérdidas significativas y buscaban una solución al conflicto en curso. El Profeta Muhammad, en su afán por lograr la paz y la estabilidad, decidió iniciar negociaciones para una tregua con los Quraysh.

La oportunidad de negociar surgió cuando el Profeta Muhammad y sus seguidores partieron hacia La Meca en el año 628 d. C. con la intención de realizar la Umrah, la peregrinación menor, que se había visto interrumpida el año anterior debido al aumento de las hostilidades. A pesar de sus intenciones pacíficas, los Quraysh rechazaron inicialmente la solicitud de los musulmanes de entrar en La Meca. El enfrentamiento que siguió llevó a la decisión del Profeta de buscar un acuerdo formal para resolver el conflicto.

Las negociaciones para el tratado se llevaron a cabo en Hudaybiyyah, un lugar cercano a La Meca. Los términos del acuerdo fueron negociados entre los representantes musulmanes, encabezados por el Profeta Muhammad, y la delegación de Quraysh. Aunque los términos del tratado parecían desfavorables para los musulmanes a primera vista, fueron cuidadosamente elaborados para abordar tanto las preocupaciones inmediatas como los objetivos estratégicos a largo plazo.

Los términos clave del Tratado de Hudaybiyyah incluían:

1. **Tregua de diez años:** Ambas partes acordaron una tregua de diez años, durante la cual cesarían las hostilidades y se abstendrían de participar en cualquier forma de guerra entre sí. Este cese de hostilidades tenía por objeto proporcionar un período de paz para que ambas partes pudieran hacer frente a sus desafíos internos y externos.

2. **Retorno de los refugiados:** Todo mecano que haya huido a Medina en busca de refugio será devuelto a La Meca, mientras que los Quraysh prometieron no devolver a ningún musulmán que haya huido a Medina. Esta disposición tenía por objeto abordar las preocupaciones de ambas partes con respecto a las personas que solicitaban asilo.

3. **Libertad de alianza:** a las tribus se les dio la libertad de aliarse con los musulmanes o con los Quraysh. Este término era importante porque permitía a las distintas tribus elegir sus alianzas sin temor a represalias de ninguno de los dos bandos.

4. **Retraso de la peregrinación:** inicialmente se les prohibió a los musulmanes realizar la Umrah ese año. En cambio, se les permitió regresar a Medina y regresar a La Meca para la peregrinación al año siguiente.

El Tratado de Hudaybiyyah provocó reacciones encontradas entre los musulmanes. Algunos consideraron que las condiciones eran desventajosas, en particular la cláusula que les impedía entrar en La Meca ese año. Sin embargo, el Profeta Muhammad y sus compañeros aceptaron las condiciones, demostrando su compromiso con la paz y su confianza en la sabiduría estratégica del acuerdo.

Tras el tratado se produjeron varios acontecimientos importantes que pusieron de relieve su importancia estratégica:

1. **Mayor influencia:** la tregua permitió a los musulmanes

centrarse en consolidar su posición en Medina y participar en actividades diplomáticas y políticas. También les brindó la oportunidad de forjar alianzas con otras tribus, lo que amplió la influencia de la comunidad musulmana.

2. **Percepción pública:** Muchos consideraron que el Tratado de Hudaybiya era una victoria para los musulmanes en términos de sus implicaciones a largo plazo. El acuerdo de paz permitió a los musulmanes viajar libremente e interactuar con diversas tribus, lo que contribuyó a la difusión del Islam y al fortalecimiento de la comunidad musulmana.

3. **Preparativos para la conquista de La Meca:** La tregua proporcionó un período de estabilidad que fue crucial para que los musulmanes se prepararan para los acontecimientos futuros. La ruptura del tratado por parte de los Quraysh en el año 630 d. C., cuando atacaron a un aliado musulmán, condujo a la conquista de La Meca por parte de los musulmanes. La entrada pacífica en La Meca marcó el cumplimiento de la intención original de realizar la Umrah y simbolizó el establecimiento exitoso del Islam en su ciudad sagrada.

El Tratado de Hudaybiya es un ejemplo de la habilidad diplomática y la previsión estratégica del profeta Mahoma. Pone de relieve la importancia de los acuerdos de paz para resolver conflictos y el valor de la planificación a largo plazo para alcanzar objetivos más amplios. El tratado desempeñó un papel fundamental en la configuración del panorama político y social del Islam primitivo y sentó las bases para los éxitos posteriores de la comunidad musulmana.

En resumen, el Tratado de Hudaybiyyah fue un acontecimiento histórico en la historia islámica temprana. No sólo supuso un cese temporal de las hostilidades, sino que también creó un marco para las futuras interacciones entre los musulmanes y los Quraysh. Los términos del tratado, aunque inicialmente se percibieron como desfavorables, en última instancia contribuyeron a la expansión y consolidación del Estado musulmán, demostrando la perspicacia estratégica del profeta Mahoma y su dedicación a lograr la paz y la estabilidad para su comunidad.

Capítulo 17: Las cartas a los reyes y gobernantes

Tras el Tratado de Hudaybiyyah, el Profeta Muhammad emprendió una serie de iniciativas diplomáticas destinadas a difundir el mensaje del Islam más allá de la Península Arábiga. Uno de los aspectos más significativos de esta labor diplomática fue el envío de cartas a varios reyes y gobernantes, invitándolos a abrazar el Islam. Estas cartas, enviadas a los líderes de los principales imperios y reinos, marcaron un paso audaz en la misión del Profeta de extender la influencia del Islam y establecer relaciones pacíficas con los estados vecinos.

La decisión del Profeta Muhammad de enviar cartas a los gobernantes se basó en su visión de difundir el mensaje monoteísta del Islam a nivel mundial. Buscaba llegar a líderes influyentes cuya aceptación del Islam pudiera allanar el camino para que sus súbditos las siguieran. Las cartas fueron elaboradas meticulosamente, lo que refleja la perspicacia diplomática del Profeta y su profundo conocimiento de los contextos políticos y culturales. Cada carta estaba adaptada a su destinatario, reconociendo su estatus y autoridad, al tiempo que transmitía el mensaje central del Islam.

Entre los destinatarios más destacados de estas cartas se encontraban Heraclio, el emperador bizantino; Cosroes II, el emperador persa; Negus Ashama, el rey de Abisinia; y los gobernantes de Egipto, Bahréin, Omán y Yemen. Cada carta seguía una estructura similar, comenzando con la invocación del nombre de Alá y el saludo islámico habitual de paz. Las cartas luego presentaban a Mahoma como el mensajero de Alá, llamaban al destinatario al Islam y citaban versículos relevantes del Corán.

Una de las cartas más famosas fue la dirigida a Heraclio, el emperador bizantino. La carta del Profeta a Heraclio fue llevada por Dihyah al-Kalbi, uno de sus compañeros de confianza. La carta comenzaba con un discurso cortés e invitaba a Heraclio a aceptar el Islam, enfatizando la naturaleza monoteísta de la religión y su continuidad con las enseñanzas de los profetas anteriores. Instaba a Heraclio a reconocer el mensaje del Profeta Muhammad como el cumplimiento de profecías anteriores y a abrazar el Islam para su propia salvación y el beneficio de su pueblo.

Heraclio, al recibir la carta, mostró un profundo interés en comprender su mensaje. Según relatos históricos, realizó averiguaciones sobre el profeta Mahoma y las enseñanzas del Islam. Heraclio reconoció la importancia del mensaje, pero factores políticos y sociales le impidieron aceptar públicamente el Islam. A pesar de ello, el trato respetuoso y reflexivo que tuvo con la carta puso de relieve el impacto de los esfuerzos diplomáticos del Profeta.

Otra carta significativa fue enviada a Cosroes II, el emperador persa. La carta, llevada por Abdullah ibn Hudhafah as-Sahmi, invitaba a Cosroes a abrazar el Islam y abandonar sus creencias politeístas. La carta enfatizaba la importancia del monoteísmo y advertía sobre las consecuencias de rechazar la guía de Alá. Cosroes, sin embargo, reaccionó con hostilidad y rompió la carta con ira. Esta reacción reflejaba la arraigada oposición al Islam entre algunos de los poderosos imperios de la época. La respuesta del profeta Mahoma al rechazo de Cosroes fue mesurada y profética, prediciendo la eventual decadencia del Imperio persa.

La carta a Negus Ashama, el rey de Abisinia, adoptó un tono diferente. Negus Ashama había mostrado anteriormente amabilidad y hospitalidad a los refugiados musulmanes que buscaron asilo en su reino durante los primeros años de persecución en La Meca. La carta reconocía la generosidad de Negus y lo invitaba a aceptar el Islam, presentando el mensaje como una continuación de las tradiciones monoteístas familiares para el gobernante cristiano. La recepción positiva de la carta por parte de Negus Ashama y su aceptación del Islam fueron importantes éxitos diplomáticos, que reflejan la capacidad del Profeta para construir alianzas y fomentar relaciones positivas con los estados vecinos.

Las cartas a los gobernantes de Egipto, Bahréin, Omán y Yemen siguieron temas similares, invitándolos al Islam y enfatizando la unidad de las religiones monoteístas. Estas cartas resaltaron el respeto del Profeta por las estructuras políticas existentes y su deseo de relacionarse con los líderes en términos de igualdad. El acercamiento diplomático se extendió a varias regiones, demostrando la visión estratégica del Profeta de establecer el Islam como una fe global y fomentar la coexistencia pacífica con otras naciones.

El impacto de estas cartas se extendió más allá de las respuestas inmediatas de los destinatarios. Simbolizaban el mensaje universal del Islam y el compromiso del Profeta con la propagación pacífica de la fe. Los esfuerzos diplomáticos demostraron la capacidad del Profeta Muhammad para desenvolverse en paisajes políticos complejos y su comprensión de la importancia de interactuar con diversas culturas y sociedades.

Además, las cartas ejemplificaban los principios de la diplomacia islámica, que hacía hincapié en el respeto, el diálogo y el entendimiento mutuo. La actitud del Profeta al invitar a los gobernantes al Islam se caracterizaba por un equilibrio entre la firmeza en la transmisión del mensaje y la sensibilidad hacia los contextos culturales y políticos de los destinatarios. Este enfoque sentó un precedente para la diplomacia islámica futura, destacando la importancia de la comunicación pacífica y el uso estratégico de la comunicación escrita.

Al reflexionar sobre las cartas a los reyes y gobernantes, vemos un aspecto audaz y visionario de la misión del Profeta Muhammad. Estas cartas no eran simplemente invitaciones a una nueva fe, sino también acciones estratégicas para establecer la presencia del Islam en el escenario mundial. Demostraban la visión de futuro del Profeta, su habilidad diplomática y su compromiso de difundir el mensaje del Islam por medios pacíficos. El legado de estas cartas sigue inspirando la diplomacia islámica contemporánea, haciendo hincapié en los principios eternos del respeto, el diálogo y la búsqueda del entendimiento mutuo en las relaciones internacionales.

Capítulo 18: La conquista de La Meca

La conquista de La Meca en el año 630 d. C. es uno de los momentos más decisivos de la historia islámica. Este acontecimiento marcó la culminación de años de lucha, diplomacia y perseverancia por parte del profeta Mahoma y sus seguidores. No fue solo una importante victoria militar y política, sino también un profundo triunfo espiritual y moral, que reflejó los principios fundamentales del Islam.

Tras el Tratado de Hudaybiyyah, los musulmanes vivieron un período de relativa paz que les permitió fortalecer su comunidad y difundir su mensaje. Sin embargo, la frágil paz se vio interrumpida cuando los Quraysh violaron el tratado al atacar a los Banu Khuza'a, una tribu aliada de los musulmanes. Esta violación proporcionó al Profeta Muhammad una razón legítima para tomar medidas decisivas contra los Quraysh.

En el período previo a la conquista, el Profeta Muhammad demostró su perspicacia estratégica al planificar cuidadosamente la marcha hacia La Meca. Intentó minimizar el derramamiento de sangre y garantizar una toma pacífica de la ciudad. Para lograrlo, movilizó un gran ejército de aproximadamente 10.000 soldados, extraídos de varias tribus que se habían aliado con los musulmanes. El gran tamaño de la fuerza tenía como objetivo abrumar a los Quraysh y obligarlos a rendirse sin resistencia.

El ejército musulmán partió de Medina en el Ramadán del octavo año de la Hégira (enero del 630 d. C.). A medida que se acercaban a La Meca, el Profeta empleó varias medidas tácticas para mantener el elemento sorpresa y minimizar el conflicto. Una estrategia notable fue la orden de encender numerosas hogueras en el paisaje durante la noche, creando la ilusión de una fuerza aún mayor. Esta táctica psicológica sirvió para intimidar a los Quraysh y disuadirlos de montar una defensa.

Al llegar a las afueras de La Meca, el Profeta Muhammad dio instrucciones estrictas a sus tropas para que evitaran la violencia innecesaria y respetaran la santidad de la ciudad. El énfasis en la compasión y la moderación era un testimonio de los principios éticos que sustentaban el liderazgo del Profeta. Su objetivo principal era recuperar La Meca con el menor derramamiento de sangre posible, asegurando que los habitantes de la ciudad abrazaran el Islam voluntariamente.

Las instrucciones del Profeta fueron atendidas y el ejército musulmán entró en La Meca con una resistencia mínima. Los Quraysh, reconociendo la inutilidad de la oposición, optaron en su mayoría por rendirse. La entrada del Profeta Muhammad en La Meca estuvo marcada por la humildad y la gratitud. Entró en la ciudad montado en su camello, con la cabeza inclinada en un gesto de humildad, reflejando su reconocimiento de la guía y el apoyo de Alá.

Una de las primeras acciones que realizó el Profeta al entrar en La Meca fue dirigirse a la Kaaba, el santuario sagrado que durante mucho tiempo había sido el punto focal del culto pagano preislámico. Acompañado por sus compañeros, dio siete vueltas alrededor de la Kaaba, realizó el tawaf y luego entró en la estructura. Una vez dentro, procedió a destruir los ídolos e imágenes que adornaban la Kaaba, purificando simbólicamente el espacio sagrado y restaurándolo para la adoración del único Dios verdadero, Alá.

Este acto de purificación fue acompañado por la recitación del versículo coránico: «La verdad ha llegado y la falsedad ha desaparecido. En verdad, la falsedad está destinada a desaparecer» (Corán 17:81). La destrucción de los ídolos marcó el fin definitivo del politeísmo en La Meca y el restablecimiento del culto monoteísta en la Kaaba.

Tras la purificación de la Kaaba, el Profeta Muhammad se dirigió a los Quraysh reunidos. Su discurso fue de perdón y reconciliación, haciendo hincapié en la importancia de la misericordia y la unidad. Declaró una amnistía general, diciendo: "Vayan, porque son libres".

Este gesto magnánimo contrastaba marcadamente con las medidas punitivas que eran comunes en los conflictos tribales de la época. El perdón del Profeta a sus antiguos enemigos demostró el poder transformador del Islam y sus principios de compasión y justicia.

La conquista de La Meca también implicó el restablecimiento del gobierno islámico en la ciudad. El Profeta nombró a varios funcionarios para supervisar la administración de La Meca, asegurándose de que la justicia y los principios islámicos guiaran el gobierno de la ciudad. La restauración del orden y la justicia ayudó a consolidar el control de la comunidad musulmana y fomentó un sentimiento de estabilidad y confianza entre los habitantes.

En los días posteriores a la conquista, muchos de los Quraish y otros habitantes de La Meca abrazaron el Islam, conmovidos por la magnanimidad del Profeta y el mensaje convincente del Islam. La conversión de figuras clave, entre ellas Abu Sufyan, que había sido un acérrimo oponente del Islam, simbolizó el profundo impacto de la conquista. La disposición de los mecanos a aceptar el Islam marcó un punto de inflexión significativo, ya que La Meca pasó de ser un bastión de la oposición al corazón del mundo islámico.

La conquista de La Meca tuvo consecuencias de largo alcance para el naciente Estado musulmán. Marcó la consolidación del poder musulmán en la península Arábiga y allanó el camino para la rápida expansión del Islam en toda la región. El carácter pacífico de la conquista, caracterizado por el perdón y la reconciliación, sentó un poderoso ejemplo para las futuras interacciones entre musulmanes y no musulmanes.

Además, la conquista puso de relieve el liderazgo excepcional y la visión estratégica del profeta Mahoma. Su capacidad para equilibrar la destreza militar con los principios éticos y su énfasis en la compasión y la justicia sentaron las bases de una civilización islámica duradera.

Al reflexionar sobre la conquista de La Meca, vemos un acontecimiento que trasciende la mera victoria militar. Fue una demostración profunda del poder transformador del Islam, guiado por los principios de la misericordia, la justicia y la humildad. La conquista reafirmó la centralidad de la Kaaba como punto focal del culto islámico y consolidó el legado del profeta Mahoma como líder que encarnaba los ideales más elevados de su fe. La conquista de La Meca sigue siendo un momento decisivo en la historia islámica, que simboliza el triunfo del monoteísmo y los principios perdurables del Islam.

Capítulo 19: La peregrinación de despedida

En el año 632 d. C., el Profeta Muhammad emprendió lo que sería su última peregrinación a La Meca, conocida como la Peregrinación de Despedida (Hajjat al-Wada'). Este viaje no solo fue un acontecimiento religioso importante, sino también una ocasión para que el Profeta pronunciara su último sermón público, que encapsulaba los principios y valores fundamentales del Islam. La Peregrinación de Despedida tiene una profunda importancia en la historia islámica, ya que simboliza la culminación de la misión del Profeta y su legado perdurable.

La intención del Profeta de realizar la peregrinación fue anunciada en el décimo año de la Hégira, invitando a los musulmanes de toda la Península Arábiga a unirse a él en los ritos sagrados del Hajj. La respuesta fue abrumadora: decenas de miles de musulmanes se reunieron para participar en la peregrinación. Esta inmensa reunión subrayó la unidad y la solidaridad de la comunidad musulmana, así como la creciente influencia del Islam.

La peregrinación comenzó con el Profeta y sus seguidores saliendo de Medina y viajando hacia La Meca. A lo largo del camino, el Profeta demostró la correcta realización de los rituales del Hajj, asegurándose de que sus seguidores tuvieran una comprensión clara y duradera de las prácticas. La peregrinación incluyó varios ritos clave: entrar en el estado de Ihram (un estado de pureza espiritual), realizar el Tawaf (circunvalación de la Kaaba), el Sa'i (caminar entre las colinas de Safa y Marwah), permanecer en Arafat y la lapidación simbólica de los pilares en Mina.

El noveno día de Dhu al-Hijjah, el Profeta y sus seguidores llegaron a la llanura de Arafat. Este día, conocido como el Día de Arafat, es el punto culminante de la peregrinación del Hajj y tiene un inmenso significado espiritual. Fue allí donde el Profeta Muhammad pronunció su Sermón de Despedida, un discurso poderoso y completo que encapsuló la esencia de sus enseñanzas y brindó orientación a la comunidad musulmana.

El sermón de despedida, pronunciado desde el Monte Arafat, comenzó con el Profeta alabando a Dios y agradeciéndole sus bendiciones. Luego, el Profeta procedió a enfatizar varios puntos clave que servirían como principios rectores para la comunidad musulmana:

1. **Santidad de la vida y la propiedad** : El Profeta declaró la santidad de la vida y la propiedad, enfatizando que deben ser respetadas y protegidas. Afirmó que así como el día de Arafat y el mes de Dhu al-Hijjah eran sagrados, también lo eran las vidas y las posesiones de los musulmanes. Esta declaración subrayó la importancia de la justicia, la seguridad y la protección de los derechos humanos.

2. **Igualdad y hermandad** : El Profeta abordó la cuestión de la igualdad entre los musulmanes, declarando que todos los individuos son iguales ante los ojos de Dios, independientemente de su raza, etnia o estatus social. Afirmó: "Toda la humanidad proviene de Adán y Eva. Un árabe no tiene superioridad sobre un no árabe, ni un no árabe tiene superioridad alguna sobre un árabe; un blanco no tiene superioridad sobre un negro, ni un negro tiene superioridad alguna sobre un blanco, excepto por la piedad y las buenas acciones". Este poderoso mensaje de igualdad y hermandad sentó las bases para una sociedad justa e inclusiva.

3. **Derechos de la mujer** : El Profeta destacó los derechos y responsabilidades de las mujeres, haciendo hincapié en su dignidad y la importancia de tratarlas con respeto y amabilidad. Recordó a la comunidad musulmana que las mujeres son compañeras y protectoras, merecedoras de amor y cuidado. Este mensaje reforzó los principios islámicos de

justicia de género y la protección de los derechos de las mujeres.

4. **Observancia de los deberes islámicos** : El Profeta reiteró la importancia de adherirse a los cinco pilares del Islam: la fe, la oración, el ayuno, la caridad y la peregrinación. Enfatizó que estas prácticas son la base de la relación del musulmán con Dios y son esenciales para el crecimiento espiritual y la armonía comunitaria.

5. **Adherencia al Corán y la Sunnah** : El Profeta instó a sus seguidores a aferrarse al Corán y a su Sunnah (tradiciones) como sus principales fuentes de guía. Afirmó que mientras se adhirieran a estas dos fuentes, no se extraviarían. Este énfasis en el Corán y la Sunnah reforzó su papel central en la vida de un musulmán y la importancia de seguir el ejemplo del Profeta.

6. **Prohibición de la usura** : El Profeta abordó la cuestión de la justicia económica, condenando específicamente la práctica de la usura (Riba). Declaró que todas las transacciones basadas en intereses debían ser abolidas, empezando por las que se debían a su propia familia. Esta proclamación subrayó la importancia de las prácticas económicas justas y equitativas en el marco islámico.

7. **Unidad y prevención de la división** : El Profeta advirtió contra la división y la discordia dentro de la comunidad musulmana. Enfatizó la importancia de la unidad, afirmando que los creyentes son hermanos y deben apoyarse y protegerse mutuamente. Este llamado a la unidad fue un recordatorio de la responsabilidad colectiva de mantener la armonía y la cooperación dentro de la comunidad.

El sermón de despedida concluyó con el pedido del Profeta a la multitud reunida de dar testimonio de que había transmitido el mensaje del Islam fiel y completamente. La multitud respondió afirmativamente, reconociendo el cumplimiento de la misión del Profeta. El Profeta entonces levantó su dedo hacia el cielo y dijo: "Oh, Dios, da testimonio". Este momento fue una poderosa afirmación de la finalización del papel del Profeta como el último mensajero de Dios.

Tras el sermón, el Profeta y sus seguidores continuaron con los ritos restantes del Hajj, incluida la lapidación simbólica de los pilares de Mina y el sacrificio de animales. Estos actos conmemoraban las acciones del Profeta Ibrahim (Abraham) y su familia, reforzando la conexión entre la peregrinación del Hajj y la tradición abrahámica más amplia.

La Peregrinación de Despedida no fue sólo un viaje espiritual, sino también un momento de profunda importancia histórica. Marcó el último discurso público del Profeta Muhammad y encapsuló los valores y principios fundamentales que él se había esforzado por inculcar a sus seguidores. Los mensajes de justicia, igualdad, compasión y unidad pronunciados durante el Sermón de Despedida siguen resonando entre los musulmanes de todo el mundo y sirven como guía intemporal para la conducta personal y la vida comunitaria.

La peregrinación de despedida del Profeta también simbolizó la culminación de su misión profética. Fue un momento de reflexión y gratitud por el extraordinario viaje que había transformado la Península Arábiga y había sentado las bases de una civilización religiosa mundial. La peregrinación reforzó la centralidad de La Meca y de los rituales del Hajj en la vida del musulmán, destacando su importancia espiritual y comunitaria.

Al reflexionar sobre la Peregrinación de Despedida, vemos la encarnación de la visión del Profeta Muhammad de una comunidad musulmana justa, compasiva y unida. Los principios articulados durante la peregrinación siguen inspirando y guiando a los musulmanes en su vida diaria, dando forma a sus relaciones con Alá, entre ellos y con el mundo en general. La Peregrinación de Despedida es un testimonio del legado perdurable del Profeta Muhammad y de los valores eternos del Islam.

Capítulo 20: El fallecimiento del Profeta

El fallecimiento del Profeta Muhammad en el año 632 de nuestra era marcó el fin de una era y el comienzo de un nuevo capítulo para la comunidad musulmana. Su muerte fue un momento de profundo dolor y enorme significado, que trajo consigo una sensación de pérdida y reflexión. Como último mensajero de Alá, la vida y las enseñanzas del Profeta Muhammad habían transformado la península Arábiga y sentado las bases de una civilización religiosa global. Por lo tanto, su muerte no fue solo la pérdida de un líder, sino la partida del amado Profeta que había guiado a sus seguidores en los tiempos más difíciles.

La última enfermedad del Profeta Muhammad comenzó a fines de mayo o principios de junio del año 632 d. C. Tenía poco más de sesenta años y, aunque siempre había sido fuerte y vigoroso, la intensidad de su misión y las exigencias físicas del liderazgo le habían pasado factura. La enfermedad del Profeta comenzó con un fuerte dolor de cabeza y progresó hasta llegar a una fiebre alta, que lo dejó débil y postrado en cama. A pesar de su enfermedad, continuó dirigiendo las oraciones y ofreciendo orientación a sus seguidores mientras pudo.

A medida que su estado empeoraba, el Profeta Muhammad buscó consuelo en la compañía de sus esposas y compañeros más cercanos. Su esposa Aisha, en particular, estuvo siempre a su lado, brindándole consuelo y cuidados. Fue en el apartamento de Aisha donde el Profeta pasó sus últimos días, rodeado de quienes lo amaban y lo tenían en la más alta estima.

Durante su enfermedad, el Profeta Muhammad demostró una notable paciencia y aceptación de la voluntad de Dios. Siguió enfatizando la importancia de la oración, instando a sus seguidores a mantener su fe y adherirse a los principios del Islam. Su compromiso con su papel como líder espiritual fue evidente incluso en sus últimos momentos, cuando trató de brindar tranquilidad y orientación a su comunidad.

Uno de los momentos más emotivos de los últimos días del Profeta fue su último discurso público. A pesar de su debilidad, reunió fuerzas para hablar a sus seguidores, transmitiéndoles sus últimos deseos y enfatizando mensajes clave. Reiteró la importancia de seguir el Corán y su Sunnah, mantener la unidad dentro de la comunidad musulmana y defender la justicia y la compasión en todos sus tratos. Sus últimas palabras a los creyentes reunidos fueron un recordatorio de los principios que habían guiado su vida y su misión.

En la mañana del 8 de junio del año 632, el estado del Profeta Muhammad empeoró. Tenía un dolor intenso y le costaba respirar. Cuando sus compañeros se reunieron a su alrededor, la atmósfera era de profundo dolor y expectación. Los últimos momentos del Profeta estuvieron marcados por una profunda sensación de tranquilidad y aceptación. Con la cabeza apoyada en el regazo de Aisha, repitió las palabras: "Oh, Alá, el Compañero supremo", reflejando su deseo de regresar a su Creador.

En el momento de su muerte, la comunidad musulmana se sumió en el dolor. La pérdida de su amado Profeta fue un inmenso golpe emocional. Muchos se sintieron abrumados por el dolor, incapaces de comprender la vida sin su presencia guía. Umar ibn al-Jattab, un compañero cercano y futuro califa, estaba tan afligido por el dolor que inicialmente se negó a creer que el Profeta había fallecido, declarando que aniquilaría a cualquiera que afirmara lo contrario.

Fue Abu Bakr, el amigo más cercano del Profeta y uno de sus primeros seguidores, quien proporcionó la confianza y el liderazgo necesarios durante este tiempo tumultuoso. Al entrar en la habitación donde yacía el cuerpo del Profeta, Abu Bakr le besó la frente y confirmó la realidad de su muerte. Luego se dirigió a la comunidad en duelo, pronunciando uno de los discursos más significativos de la historia islámica. Abu Bakr dijo: "Oh gente, quienes adoraron a Muhammad, que sepan que Muhammad está muerto. Pero quienes adoraron a Alá, que sepan que Alá está vivo y nunca muere". Estas palabras trajeron una sensación de calma y claridad a los seguidores en duelo, recordándoles la naturaleza eterna de su fe.

El funeral del Profeta fue un acto sencillo y solemne, que reflejó la humildad que había caracterizado su vida. Su cuerpo fue preparado para el entierro de acuerdo con los ritos islámicos, lavado y amortajado con telas sencillas. Las oraciones fúnebres fueron dirigidas por la comunidad, y grupos de creyentes entraron en la sala por turnos para ofrecer sus oraciones. No hubo ceremonias elaboradas ni gran procesión; el objetivo era honrar el legado del Profeta y adherirse a los principios que había enseñado.

El Profeta Muhammad fue enterrado en la misma habitación en la que había fallecido, en la casa de Aisha. Este humilde lugar de descanso, dentro de lo que hoy es la Mezquita del Profeta en Medina, se convirtió en un lugar de inmensa reverencia y peregrinación para los musulmanes de todo el mundo. La sencillez del lugar de su entierro sirve como un poderoso recordatorio de su humildad y del profundo legado espiritual que dejó atrás.

El fallecimiento del Profeta Muhammad fue un momento de profunda introspección para la comunidad musulmana. Marcó el fin de la guía profética directa y el comienzo de una nueva fase en la historia del Islam. El desafío de continuar la misión del Profeta recaía ahora sobre los hombros de sus compañeros y seguidores. Fue un momento de duelo y determinación, mientras la comunidad lidiaba con la pérdida de su líder mientras luchaba por defender sus enseñanzas.

En los años posteriores a la muerte del Profeta, la comunidad musulmana enfrentó desafíos importantes, incluidos conflictos internos y la necesidad de un liderazgo fuerte. El nombramiento de Abu Bakr como primer califa fue un paso crucial para asegurar la continuidad y la estabilidad. Bajo su liderazgo, y el de los califas posteriores, los principios y valores que el Profeta Muhammad había inculcado a sus seguidores se preservaron y ampliaron.

El legado del Profeta Muhammad perdura hasta el día de hoy, y su vida y sus enseñanzas siguen inspirando a millones de musulmanes en todo el mundo. Su énfasis en la justicia, la compasión, la humildad y la devoción a Alá sirve como guía intemporal para la conducta personal y la vida comunitaria. El fallecimiento del Profeta, si bien fue un momento de profunda pérdida, también reforzó la naturaleza perdurable de su mensaje y la resiliencia de la fe musulmana.

Al reflexionar sobre la muerte del Profeta, recordamos el profundo impacto que tuvo en sus seguidores y el poder transformador de su mensaje. Su vida fue un testimonio de fe inquebrantable, dedicación incansable y compasión sin límites. Su partida de este mundo no fue un final, sino más bien una transición, que dejó un legado que seguiría moldeando los corazones y las mentes de los creyentes de las generaciones venideras.

Capítulo 21: La sucesión y el califato

El fallecimiento del Profeta Muhammad en el año 632 d. C. dejó a la comunidad musulmana en un estado de profundo dolor e incertidumbre. Sin el Profeta ya presente para brindar orientación directa, el desafío inmediato que enfrentaban los creyentes era determinar la sucesión del liderazgo. Este período, conocido como la Crisis de Sucesión, fue fundamental para dar forma a la historia temprana del Islam y la formación del Califato, el liderazgo político y religioso del estado islámico.

Inmediatamente después de la muerte del Profeta, la comunidad musulmana se reunió para decidir quién los dirigiría. Los Ansar (los ayudantes de Medina) y los Muhayirun (los emigrados de La Meca) se reunieron en Saqifah, un lugar de reunión en Medina, para discutir el asunto. Los Ansar inicialmente propusieron un líder de entre ellos, reconociendo sus contribuciones sustanciales para apoyar al Profeta y a la comunidad musulmana primitiva. Sin embargo, los Muhayirun, que habían estado estrechamente asociados con el Profeta desde los primeros días del Islam, abogaron por que el liderazgo viniera de entre ellos.

En medio de estas discusiones, Umar ibn al-Jattab, un destacado compañero del Profeta, propuso que Abu Bakr fuera el líder. Umar destacó la estrecha relación de Abu Bakr con el Profeta, su temprana conversión al Islam y su apoyo inquebrantable durante toda la misión del Profeta. Abu Bakr había sido compañero del Profeta en la Hégira a Medina y se le había encomendado dirigir las oraciones durante la última enfermedad del Profeta, lo que indicaba su prominencia dentro de la comunidad.

La nominación de Abu Bakr tuvo una amplia aceptación y fue declarado primer califa (sucesor) de la comunidad musulmana. Esta decisión fue importante no sólo porque sentó un precedente para la sucesión del liderazgo, sino también porque reflejó un enfoque de gobierno basado en el consenso, que enfatizaba la unidad y la estabilidad.

Como primer califa, Abu Bakr se enfrentó al desafío inmediato de consolidar la comunidad musulmana y abordar la disidencia interna. Su liderazgo se caracterizó por un compromiso con los principios del Islam, la justicia y la preservación del naciente Estado musulmán. Una de sus primeras acciones como califa fue abordar las Guerras Ridda (Guerras de Apostasía), que fueron una serie de rebeliones de varias tribus que habían renunciado al Islam tras la muerte del Profeta. Estas tribus creían que su lealtad era únicamente hacia Mahoma, no hacia el nuevo liderazgo.

La respuesta de Abu Bakr a estas rebeliones fue firme y decisiva. Envió expediciones militares para reafirmar la autoridad del Estado musulmán y reintegrar a las tribus rebeldes al seno del Islam. Su éxito en estas campañas contribuyó a estabilizar la región y reafirmar la unidad de la comunidad musulmana.

El califato de Abu Bakr, aunque breve, sentó las bases para la posterior expansión del Estado islámico. Su compromiso con los principios de justicia y la adhesión al Corán y la Sunnah establecieron un modelo para los futuros líderes. Nombró a Umar ibn al-Khattab como su sucesor, asegurando una transición fluida del poder y la continuidad del liderazgo.

El califato de Umar (634-644 d. C.) se caracterizó por una importante expansión territorial y reformas administrativas. Bajo su liderazgo, el Estado islámico extendió su alcance más allá de la península arábiga y conquistó vastos territorios, incluidas partes de los imperios bizantino y sasánida. Estas conquistas se basaron en una combinación de destreza militar y diplomacia estratégica, en la que Umar hizo hincapié en el trato justo y equitativo a los pueblos conquistados.

Las reformas administrativas de Omar incluyeron el establecimiento de una burocracia formal, la creación de nuevas ciudades para apoyar al creciente Estado y la introducción de un sistema de censo e impuestos. Su énfasis en la justicia y la rendición de cuentas fue evidente en su gobierno, ya que instituyó un sistema de controles y contrapesos para garantizar que los funcionarios actuaran de acuerdo con los principios islámicos.

Una de las contribuciones más importantes de Omar fue el establecimiento del calendario islámico, que comenzó con la Hégira y marcó la migración del Profeta y sus seguidores de La Meca a Medina. Este calendario proporcionó un sistema unificado de cronometraje para la comunidad musulmana y subrayó la importancia de la Hégira como momento decisivo en la historia islámica.

Tras el asesinato de Umar en el año 644 d. C., Uthman ibn Affan fue elegido tercer califa. El califato de Uthman (644-656 d. C.) se caracterizó por una mayor expansión del Estado islámico y la estandarización del Corán. Reconociendo la necesidad de un texto uniforme para evitar variaciones en la recitación, Uthman encargó a un comité que compilara el Corán en un texto único y autorizado. Esta compilación se distribuyó luego a varias regiones, asegurando la coherencia en la transmisión del texto sagrado.

Sin embargo, el liderazgo de Uthman enfrentó desafíos importantes, incluidas acusaciones de nepotismo y descontento entre varias facciones dentro de la comunidad musulmana. Estas tensiones finalmente culminaron en una rebelión y el asesinato de Uthman en el año 656 d. C., sumiendo al estado musulmán en un período de agitación y conflictos civiles.

La elección de Ali ibn Abi Talib como cuarto califa marcó el comienzo de una nueva y conflictiva fase en la historia del califato. El califato de Ali (656-661 d.C.) se caracterizó por conflictos internos, en particular la Primera Fitna (guerra civil islámica). Ali se enfrentó a la oposición de diversos sectores, entre ellos Aisha, la viuda del Profeta, y Muawiyah, el gobernador de Siria. Estos conflictos fueron impulsados por una combinación de factores políticos, sociales y económicos, así como por diferentes interpretaciones del gobierno islámico.

A pesar de los desafíos, el liderazgo de Ali se caracterizó por su compromiso con la justicia, la piedad y la adhesión a los principios islámicos. Sus esfuerzos por abordar las quejas y restablecer la unidad dentro de la comunidad musulmana encontraron apoyo y resistencia. La batalla de Siffin y el proceso de arbitraje que le siguió complicaron aún más el panorama político y llevaron a la fragmentación del Estado musulmán.

El asesinato de Alí en el año 661 marcó el fin del califato Rashidun (el bien guiado) y el comienzo del califato omeya bajo el mando de Muawiyah. La transición del califato Rashidun al califato omeya representó un cambio significativo en la naturaleza del gobierno islámico, desde un modelo relativamente igualitario y consultivo a una forma de liderazgo más centralizada y hereditaria.

El período del califato Rashidun, a pesar de sus desafíos y conflictos, fue fundamental para dar forma al Estado islámico primitivo y establecer principios clave de gobierno. El compromiso de los califas con la justicia, la consulta y la adhesión a los principios islámicos proporcionó un modelo para las generaciones futuras. Los desafíos que enfrentaron y las soluciones que implementaron pusieron de relieve la naturaleza dinámica y cambiante del liderazgo islámico.

Al reflexionar sobre la sucesión y el califato inicial, vemos un período de profunda importancia en la historia islámica. El liderazgo de los califas Rashidun preparó el terreno para la expansión y consolidación del Estado islámico, mientras que sus luchas y logros siguen inspirando e informando las interpretaciones contemporáneas de la gobernanza y el liderazgo islámicos. El legado de este período es un testimonio de los principios perdurables de justicia, unidad y fe que se encuentran en el corazón del Islam.

Capítulo 22: El legado de Mahoma

El legado del Profeta Muhammad es un fenómeno profundo y multifacético que ha dejado una huella indeleble en el mundo. Como último profeta del Islam, sus enseñanzas, acciones y carácter han influido en miles de millones de personas a lo largo de los siglos. Su legado no se limita únicamente al ámbito espiritual; abarca dimensiones sociales, políticas y culturales, y ha moldeado sociedades y civilizaciones de maneras profundas.

Uno de los aspectos más perdurables del legado de Mahoma es su papel como Mensajero de Alá. A través de la revelación del Corán, proporcionó una guía completa para vivir una vida de acuerdo con la voluntad divina. El Corán, considerado por los musulmanes como la palabra literal de Dios, aborda todos los aspectos de la existencia humana, desde la conducta personal hasta la justicia social, desde la devoción espiritual hasta los principios legales. El papel de Mahoma en la transmisión y ejemplificación de las enseñanzas del Corán ha asegurado que su mensaje siga siendo central para la fe y la práctica de los musulmanes en todo el mundo.

La Sunnah de Mahoma, el registro de sus dichos, acciones y aprobaciones, complementa el Corán y brinda ejemplos prácticos de cómo vivir sus enseñanzas. La literatura del Hadith, que documenta la Sunnah, sirve como una fuente crucial de orientación para los musulmanes, ayudándolos a navegar por las complejidades de la vida diaria de una manera coherente con los principios islámicos. El énfasis del Profeta en la misericordia, la compasión, la justicia y la humildad se refleja en sus interacciones con los demás y su enfoque del liderazgo.

Otro aspecto clave de su legado es la creación de una comunidad musulmana cohesionada (Ummah) bajo el liderazgo de Mahoma. Él transformó una sociedad árabe fragmentada, plagada de conflictos tribales e injusticias sociales, en una comunidad unificada unida por una fe y un marco ético compartidos. Los principios de hermandad, igualdad y solidaridad social que promovió ayudaron a superar divisiones profundamente arraigadas y fomentaron un sentido de responsabilidad colectiva. Este sentido de comunidad sigue siendo una piedra angular de la identidad y la práctica musulmanas.

El impacto de Mahoma en la justicia social y los derechos humanos es particularmente notable. Defendió los derechos de los marginados y vulnerables, incluidas las mujeres, los huérfanos, los esclavos y los pobres. Sus enseñanzas enfatizaron la dignidad y el valor inherentes de cada individuo, independientemente de su estatus social o etnia. Al abogar por el trato justo de las mujeres, desafió muchas de las normas imperantes en su tiempo, concediéndoles derechos en el matrimonio, la herencia y la educación. Sus acciones y enseñanzas sentaron las bases para una sociedad más equitativa y justa.

En el ámbito de la gobernanza y la política, el legado de Mahoma también es significativo. Los principios de la Shura (consulta), la rendición de cuentas y la justicia que instituyó en Medina proporcionaron un modelo para el gobierno islámico. Su estilo de liderazgo, caracterizado por la humildad, la equidad y el servicio a la comunidad, sentó un estándar para los gobernantes musulmanes posteriores. La Constitución de Medina, que él estableció, se cita a menudo como uno de los primeros ejemplos de una constitución escrita, que describe los derechos y responsabilidades de los diversos grupos dentro del estado y enfatiza el respeto mutuo y la cooperación.

La rápida expansión del Estado islámico tras la muerte de Mahoma, bajo el liderazgo de los califas Rashidun, puede atribuirse en gran parte a las bases que él sentó. Su énfasis en la justicia, la integridad moral y la adhesión a los principios islámicos guiaron las primeras conquistas musulmanas y la administración de los territorios recién adquiridos. La expansión del Islam en vastas regiones de Oriente Medio, el norte de África y más allá estuvo acompañada de un florecimiento de la cultura, la ciencia y el aprendizaje, a menudo denominado la Edad de Oro islámica.

El legado de Mahoma se extiende a los logros intelectuales y culturales de la civilización islámica. El énfasis en el conocimiento y el aprendizaje que promovió inspiró un período notable de avances científicos, médicos, filosóficos y artísticos. Los eruditos islámicos hicieron contribuciones significativas en diversos campos, preservando y desarrollando el conocimiento de civilizaciones anteriores. Este legado intelectual ha tenido un impacto duradero en la cultura global y continúa inspirando la investigación y la innovación contemporáneas.

Además de su influencia en la civilización islámica, el legado de Mahoma también ha dado forma a las relaciones y los diálogos interreligiosos. Su actitud respetuosa e inclusiva hacia el Pueblo del Libro (judíos y cristianos) sentó un precedente para las interacciones interreligiosas. Los pactos que hizo con varias comunidades religiosas enfatizaban el respeto mutuo y la protección de las libertades religiosas. Estos principios siguen orientando los esfuerzos contemporáneos por fomentar la comprensión y la cooperación entre las diferentes tradiciones religiosas.

Las cualidades personales y el carácter de Mahoma también han dejado una impresión duradera. Se le recuerda por su honestidad, honradez, humildad y compasión. Su capacidad para perdonar y mostrar misericordia incluso a sus enemigos es un testimonio de su integridad moral y ética. Estas cualidades le han hecho ganarse el cariño de millones de personas, no sólo como líder religioso sino también como modelo de conducta humana ejemplar.

El amor y la reverencia que los musulmanes sienten por Mahoma son evidentes en su vida diaria y en sus prácticas religiosas. Su nombre se invoca en las oraciones y su vida se conmemora en diversas tradiciones religiosas y culturales. La celebración del Mawlid al-Nabi, el cumpleaños del Profeta, es un reflejo del profundo afecto y respeto que los musulmanes sienten por él. El estudio de su vida y sus enseñanzas (Sirah) sigue siendo un componente central de la educación islámica, lo que garantiza que su legado se transmita de generación en generación.

El legado de Mahoma también es evidente en los valores éticos y morales que siguen guiando a las sociedades musulmanas. Los principios de justicia, compasión, honestidad y responsabilidad social que él enfatizó siguen siendo relevantes e influyentes. En un mundo que lucha con problemas de desigualdad, conflicto y decadencia moral, las enseñanzas de Mahoma ofrecen soluciones atemporales e inspiración para crear una sociedad más justa y compasiva.

En conclusión, el legado de Mahoma es vasto y multifacético, y abarca dimensiones espirituales, sociales, políticas y culturales. Sus enseñanzas y su ejemplo siguen guiando e inspirando a los musulmanes de todo el mundo, moldeando su fe, sus valores y su forma de vida. El profundo impacto que tuvo en la península Arábiga y la posterior expansión del Islam ha dejado una marca indeleble en la historia mundial. Su legado es un testimonio del poder perdurable de la fe, la importancia de la justicia y la compasión, y el potencial de un liderazgo transformador.

Capítulo 23: La familia del Profeta

La familia del Profeta Muhammad ocupa un lugar central y reverenciado en la tradición islámica. Conocida como Ahl al-Bayt, que significa "gente de la casa", la familia del Profeta abarca a sus esposas, hijos y parientes cercanos. Sus vidas y legados son fundamentales para comprender el contexto más amplio de la historia islámica y las enseñanzas del Profeta.

La familia del Profeta Muhammad comienza con sus esposas, conocidas colectivamente como las Madres de los Creyentes (Ummahat al-Mu'minin). Ellas desempeñaron papeles cruciales en el apoyo a su misión y fueron fundamentales para preservar y transmitir sus enseñanzas. Khadijah bint Khuwaylid, la primera esposa de Muhammad, fue una exitosa empresaria que le brindó un apoyo inquebrantable durante los primeros y difíciles años de su profecía. Fue la primera persona que aceptó el Islam y siguió siendo una fuente constante de aliento y fortaleza hasta su muerte.

Tras la muerte de Jadiya, Mahoma se casó con otras mujeres, cada una de las cuales contribuyó de manera singular a su vida y a la comunidad musulmana primitiva. Aisha bint Abi Bakr, hija de Abu Bakr, el primer califa, es una de las más conocidas. Aisha fue una erudita notable y es una de las principales fuentes del hadiz, y aporta conocimientos inestimables sobre la vida y las enseñanzas del Profeta. Sus contribuciones intelectuales y su liderazgo siguen siendo muy valorados en el mundo académico islámico.

Entre las otras esposas del Profeta se encontraban Sawda bint Zam'a, que se casó con Muhammad después de la muerte de Jadiya y le proporcionó estabilidad durante un período de transición, y Hafsa bint Umar, la hija del segundo califa, Umar ibn al-Jattab. Hafsa era conocida por su firme voluntad y su piedad. Zaynab bint Jahsh, otra de las esposas de Muhammad, era conocida por su caridad y devoción. Cada esposa aportó diferentes cualidades y fortalezas, lo que contribuyó al entorno diverso y de apoyo que rodeaba al Profeta.

Los hijos del Profeta también ocupan un lugar importante en la historia islámica. Sus hijos, Qasim y Abdullah (también conocidos como Tayyib y Tahir), murieron en la infancia, lo que fue motivo de pesar personal para el Profeta. Sin embargo, sus hijas desempeñaron un papel crucial en el desarrollo de la comunidad musulmana primitiva.

Fátima, la hija menor de Mahoma, es especialmente venerada. Era una gran devota de su padre y ejemplificó la piedad y la virtud. Fátima se casó con Ali ibn Abi Talib, primo del Profeta y figura clave en el Islam. Sus hijos, Hasan y Husayn, son particularmente significativos. Hasan se convirtió en una figura importante en la comunidad musulmana, conocido por su sabiduría y sus esfuerzos por mantener la paz. Husayn, por otro lado, es recordado por su martirio en la batalla de Karbala, un evento que tiene una enorme importancia, especialmente para los musulmanes chiítas. La postura de Husayn contra la tiranía y su sacrificio máximo se consideran un profundo ejemplo de fe y coraje.

La familia del Profeta también incluía a su querido tío, Abu Talib, quien, aunque nunca se convirtió al Islam, brindó protección y apoyo a Mahoma durante los primeros años de su misión. El hijo de Abu Talib, Alí, se convirtió en el cuarto califa y en una figura central tanto en el Islam sunita como en el chiita. El liderazgo de Alí, su sabiduría y su estrecha relación con el Profeta lo convirtieron en una figura reverenciada cuyo legado continúa influyendo en el pensamiento y la práctica islámicos.

La familia del Profeta enfrentó numerosos desafíos y pruebas, tanto durante su vida como después de su muerte. La comunidad musulmana primitiva estuvo a menudo bajo amenaza, y los miembros de la familia del Profeta se vieron directamente afectados por estas luchas. A pesar de estas dificultades, su fe y resiliencia dejaron un impacto duradero en el mundo musulmán.

Además de su papel en el Estado islámico primitivo, los miembros de la familia del Profeta también contribuyeron significativamente a la preservación y difusión de sus enseñanzas. Su proximidad a Mahoma les proporcionó una visión única de su carácter y su mensaje, lo que hizo que sus relatos fueran invaluables para las generaciones posteriores de musulmanes. La literatura del Hadith, por ejemplo, incluye numerosas narraciones de Aisha, Fátima, Alí y otros, que ofrecen relatos detallados de las palabras y acciones del Profeta.

La reverencia por Ahl al-Bayt es particularmente pronunciada en el Islam chiita, donde la familia del Profeta ocupa un lugar central en el pensamiento y la práctica religiosa. Los musulmanes chiitas creen que el liderazgo de la comunidad musulmana debería haber permanecido dentro de la familia del Profeta, comenzando con Alí y continuando a través de sus descendientes, conocidos como los imanes. El Imamato, o el liderazgo de estos imanes, es un aspecto fundamental de la creencia chiita, que enfatiza la autoridad espiritual y moral del linaje del Profeta.

En el Islam sunita, si bien existe un profundo respeto y amor por la familia del Profeta, el concepto de liderazgo se extiende más allá de sus descendientes inmediatos. Sin embargo, las contribuciones y los sacrificios de Ahl al-Bayt aún son muy respetados y su ejemplo es visto como una luz guía para los musulmanes de todo el mundo.

Las vidas de los miembros de la familia del Profeta se citan a menudo como ejemplos de piedad, devoción e integridad moral. Sus historias se cuentan una y otra vez en diversas tradiciones islámicas y sirven como fuentes de inspiración y guía. Ya sea a través de las contribuciones académicas de Aisha, el coraje de Fátima, el liderazgo de Alí o el martirio de Husayn, el legado de la familia del Profeta sigue resonando profundamente en el mundo islámico.

En conclusión, la familia del Profeta Muhammad ocupa un lugar especial y reverenciado en el Islam. Sus vidas y contribuciones constituyen un legado rico y perdurable que complementa las enseñanzas del Profeta y continúa inspirando a los musulmanes a lo largo de las generaciones. El compromiso de Ahl al-Bayt con la fe, la justicia y la excelencia moral sirve como un ejemplo eterno para todos aquellos que buscan vivir de acuerdo con los principios del Islam.

Capítulo 24: Las mujeres en la vida del Profeta

El papel de las mujeres en la vida del Profeta Muhammad fue profundo y transformador, y reflejó su compromiso de elevar su estatus y sus derechos dentro de una sociedad tradicionalmente patriarcal. A lo largo de su vida, las interacciones del Profeta con las mujeres (ya fueran sus esposas, hijas u otras figuras femeninas) demostraron un profundo respeto y un compromiso con la justicia que sentarían las bases para la evolución del papel de las mujeres en el Islam. Sus contribuciones, experiencias y las actitudes del Profeta hacia ellas constituyen un rico tapiz de su enfoque de las relaciones de género y la reforma social.

Jadiya bint Juwaylid fue la primera esposa del Profeta y una de las figuras más importantes de su vida. Como empresaria exitosa y mujer de alto nivel social en La Meca, el apoyo de Jadiya fue decisivo durante los primeros años del Islam. No sólo fue la primera persona que aceptó el mensaje de Mahoma, sino que también le brindó apoyo emocional y financiero. Su papel trascendió los límites convencionales de una esposa; fue una confidente, consejera y socia en la misión profética. La fe inquebrantable de Jadiya y su apoyo fueron cruciales para sostener la determinación de Mahoma durante los primeros años de persecución. Su legado es celebrado por su fortaleza, sabiduría y el papel que desempeñó en la naciente comunidad musulmana.

Tras la muerte de Jadiya, Mahoma se casó con otras mujeres, cada una de las cuales tuvo un papel y un impacto distintos en su vida y en la comunidad musulmana primitiva. **Sawda bint Zam'a** , su segunda esposa, era conocida por su bondad y dedicación. Su matrimonio con Mahoma le proporcionó estabilidad y compañía durante un período de importantes cambios personales y sociales. El papel de Sawda fue especialmente importante tras el fallecimiento de Jadiya, ya que ayudó a crear un entorno de apoyo y estímulo en torno al Profeta.

Aisha bint Abi Bakr , hija de Abu Bakr, amigo íntimo del Profeta y primer califa, fue otra figura influyente en la vida de Mahoma. Aisha es famosa por su amplio conocimiento de la jurisprudencia islámica y los hadices, lo que la convierte en una de las eruditas más importantes de la historia islámica temprana. Su agudo intelecto y su memoria contribuyeron significativamente a la preservación y transmisión de los dichos y prácticas del Profeta. Las contribuciones de Aisha a la erudición islámica, su participación en la política islámica temprana y su papel como maestra subrayan su profundo impacto en la vida intelectual islámica.

Hafsa bint Umar , otra esposa del Profeta, era conocida por su piedad e intelecto. Hija del segundo califa, Umar ibn al-Jattab, a Hafsa se le confió la tarea de compilar el Corán durante el califato de su esposo, lo que puso de relieve su importancia dentro de la comunidad musulmana primitiva. Su papel como guardiana del Corán ilustra la confianza y el respeto que se ganó de sus contemporáneos y subraya el respeto que se les brindaba a las esposas del Profeta.

Zaynab bint Jahsh era conocida por su labor caritativa y su devoción. Su matrimonio con Muhammad fue significativo no sólo por sus aspectos personales sino también por sus implicaciones sociales. El compromiso de Zaynab de ayudar a los pobres y su papel de apoyo a la comunidad musulmana reflejaban el énfasis del Profeta en la justicia social y la caridad.

Las interacciones de Mahoma con sus hijas, especialmente con **Fátima bint Muhammad** , también ilustran su postura progresista en cuanto a los derechos de las mujeres. Fátima era profundamente querida por su padre y desempeñó un papel central en su vida. Su matrimonio con Ali ibn Abi Talib, primo del Profeta, y el nacimiento de sus hijos, Hasan y Husayn, integraron aún más a la familia del Profeta en el liderazgo de la comunidad musulmana. Fátima es venerada por su piedad, coraje y resiliencia. Su vida y sus luchas reflejan los cambios sociales más amplios que Mahoma intentó implementar, incluido el mejoramiento del estatus de las mujeres y su importante papel dentro de la comunidad musulmana.

La actitud del Profeta hacia las mujeres se extendía más allá de su familia inmediata. Sus interacciones con las mujeres de La Meca y Medina revelan su compromiso con la mejora de su condición y sus derechos. Por ejemplo, sus enseñanzas enfatizaban la importancia de la educación para las mujeres, un concepto revolucionario en una sociedad donde las oportunidades educativas de las mujeres eran limitadas. Alentaba la búsqueda del conocimiento, que se consideraba esencial tanto para los hombres como para las mujeres, y apoyaba a las mujeres que buscaban aprender y enseñar.

En la comunidad musulmana primitiva, las mujeres desempeñaron papeles cruciales en diversas esferas. Participaron en la educación religiosa, el bienestar social e incluso en asuntos políticos. Mujeres como **Umm Salama** y **Umm Ayman** fueron figuras destacadas que contribuyeron a la difusión y el establecimiento del Islam. Umm Salama, una de las esposas del Profeta, era conocida por su sabiduría y desempeñó un papel importante en la mediación y el asesoramiento durante momentos cruciales de la historia islámica. Umm Ayman, otra figura destacada, fue una de las primeras conversas y continuó apoyando al Profeta y a la comunidad musulmana durante toda su vida.

Las enseñanzas de Mahoma también abordaron cuestiones relacionadas con los derechos de la mujer y la justicia social. El Corán, revelado a Mahoma, contiene numerosos versículos que enfatizan la dignidad, el respeto y los derechos de la mujer. Estas enseñanzas fueron revolucionarias en el contexto de la Arabia del siglo VII, donde las mujeres a menudo enfrentaban graves desventajas sociales y económicas. El énfasis del Profeta en la justicia, la equidad y la compasión hacia las mujeres marcó un cambio significativo con respecto a las prácticas preislámicas y estableció un nuevo estándar para su trato.

Por ejemplo, las reformas del Profeta incluyeron el establecimiento de los derechos de la mujer en el matrimonio y el divorcio, la herencia y la autonomía personal. Abogó por el trato justo de la mujer dentro del matrimonio, la protección de sus derechos y su capacidad para participar en los asuntos sociales. Sus enseñanzas promovieron un trato más equitativo de la mujer, desafiando las normas existentes y abogando por su empoderamiento.

En resumen, las mujeres en la vida del Profeta Muhammad no sólo fueron figuras significativas en su vida personal, sino que también desempeñaron papeles esenciales en el desarrollo y la difusión de las enseñanzas islámicas. Desde el apoyo de Jadiya durante los primeros días del Islam hasta las contribuciones de Aisha a la literatura del Hadith, el papel de cada mujer puso de relieve el enfoque progresista de Muhammad respecto de las relaciones de género y su compromiso con la mejora de la condición y los derechos de las mujeres. Sus vidas y contribuciones reflejan el impacto transformador más amplio de las enseñanzas de Muhammad sobre el papel de las mujeres en la sociedad, sentando precedentes que siguen influyendo en el pensamiento y la práctica islámicos hasta el día de hoy.

Capítulo 25: Justicia social y ética

Los principios de justicia social y ética son fundamentales en las enseñanzas del Profeta Muhammad y están profundamente arraigados en su mensaje y práctica. Su vida ejemplificó un compromiso con la creación de una sociedad justa y equitativa, y sus enseñanzas siguen dando forma al marco moral y ético dentro de la tradición islámica. El énfasis en la justicia social y el comportamiento ético refleja su profunda preocupación por el bienestar de todos los individuos y el trato equitativo de cada miembro de la sociedad.

Desde el comienzo de su misión profética, Mahoma se enfrentó a las injusticias sociales que prevalecían en la Arabia preislámica. La sociedad de La Meca se caracterizaba por profundas divisiones entre la élite adinerada y los pobres, una explotación desenfrenada y una desigualdad generalizada. Las enseñanzas del Profeta buscaban abordar estas cuestiones promoviendo los principios de justicia, compasión y respeto por la dignidad humana.

Uno de los aspectos más significativos de la actitud de Mahoma hacia la justicia social fue su defensa de los derechos de los marginados y desfavorecidos. El Corán y los hadices destacan la importancia de cuidar de los huérfanos, las viudas y los pobres. El propio Mahoma era conocido por su generosidad hacia los necesitados y sus esfuerzos por mejorar sus circunstancias. Estableció mecanismos de bienestar social, incluida la distribución de limosnas (zakat) y actos de caridad, para garantizar que los menos afortunados recibieran apoyo.

El compromiso del Profeta con la justicia también se hizo evidente en sus reformas relacionadas con las prácticas económicas. Se opuso a la usura (riba), que explotaba a los pobres y creaba disparidad económica. En cambio, promovió el comercio justo, la honestidad y el comportamiento ético en las transacciones financieras. Las enseñanzas de Muhammad sobre la justicia económica apuntaban a prevenir la explotación y garantizar que la riqueza se distribuyera de manera más equitativa dentro de la sociedad.

Además de las reformas económicas, las enseñanzas de Mahoma sobre la justicia social se extendieron al ámbito de la conducta personal. Enfatizó la importancia del comportamiento ético en todos los aspectos de la vida, incluyendo la honestidad, la integridad y el respeto por los demás. El carácter del Profeta era un modelo de conducta ética, y sus acciones reflejaban su compromiso de mantener altos estándares morales. Alentó a sus seguidores a emular estas cualidades, promoviendo una cultura de respeto, empatía y equidad.

El concepto de justicia en el Islam no se limita a las relaciones interpersonales, sino que se extiende también a estructuras sociales más amplias. El liderazgo de Mahoma en Medina ejemplificó su enfoque de gobierno, que se basaba en principios de justicia y consulta. La Constitución de Medina, redactada bajo su dirección, estableció un marco de gobierno que reconocía los derechos y responsabilidades de las diferentes comunidades dentro del Estado. Este documento promovía el respeto mutuo, la cooperación y el trato justo, sentando un precedente para el futuro gobierno islámico.

Otro aspecto clave de las enseñanzas de Mahoma sobre la justicia social fue su enfoque en los derechos y la condición de la mujer. En una sociedad en la que las mujeres a menudo se enfrentaban a desventajas significativas, las reformas del Profeta fueron revolucionarias. Abogó por los derechos de la mujer en el matrimonio, la herencia y la educación, y enfatizó la importancia de tratar a las mujeres con respeto y dignidad. Las enseñanzas de Mahoma apuntaban a mejorar la condición de la mujer y promover la igualdad de género, desafiando muchas de las normas prevalecientes de su tiempo.

La preocupación del Profeta por la justicia social también se extendió a cuestiones de igualdad racial y tribal. En una sociedad profundamente dividida por líneas tribales, Mahoma promovió la idea de que todas las personas son iguales a los ojos de Dios, independientemente de su raza o etnia. El famoso sermón de la Peregrinación de Despedida subraya este principio, ya que Mahoma declaró que no hay superioridad de una raza o tribu sobre otra, excepto en la piedad y las buenas obras. Este énfasis en la igualdad desafió las jerarquías sociales arraigadas y promovió una visión de una sociedad más inclusiva y equitativa.

Las enseñanzas de Mahoma sobre la ética y la justicia social también abordaban cuestiones de resolución de conflictos y reconciliación. Su enfoque para resolver disputas se caracterizaba por la equidad, la empatía y el compromiso de encontrar soluciones pacíficas. Los métodos de arbitraje y mediación del Profeta apuntaban a restablecer la armonía y la justicia, reforzando su mensaje más amplio de compasión y respeto por todas las personas.

El marco ético establecido por Mahoma ha tenido un impacto duradero en el pensamiento y la práctica islámicos. Su énfasis en la justicia social, la integridad y el respeto por los demás sigue dando forma a los estándares morales y éticos dentro de la comunidad musulmana. La jurisprudencia islámica (fiqh) incorpora estos principios, orientando las normas legales y sociales de maneras que reflejan las enseñanzas del Profeta.

En conclusión, el compromiso del Profeta Muhammad con la justicia social y la ética fue un aspecto central de su misión. Sus enseñanzas y acciones demostraron una profunda preocupación por el bienestar de todos los individuos y el trato equitativo de cada miembro de la sociedad. A través de sus reformas, conducta ética y énfasis en la justicia, Muhammad sentó las bases de un marco moral y social que sigue influyendo en el pensamiento y la práctica islámicos en la actualidad. Su legado es un testimonio de la perdurable relevancia de sus principios en la promoción de una sociedad justa, compasiva y ética.

Capítulo 26: Relaciones interreligiosas

La actitud del Profeta Muhammad en relación con las relaciones interreligiosas es un aspecto notable de su legado, que refleja su compromiso con la coexistencia pacífica, el respeto mutuo y el diálogo entre las diferentes comunidades religiosas. Sus interacciones con los no musulmanes y sus políticas hacia los diversos grupos religiosos se caracterizaron por un énfasis en la tolerancia, la comprensión y la equidad.

En los primeros años del Islam, cuando Mahoma y sus seguidores eran una minoría en La Meca, el Profeta enfrentó una considerable oposición y hostilidad por parte de la tribu Quraysh y otros politeístas. A pesar de la adversidad, sus enseñanzas se centraron en la defensa de un mensaje de paz y coexistencia. Hizo hincapié en los puntos en común que compartía con otras tradiciones religiosas y trató de entablar un diálogo respetuoso en lugar de la confrontación.

Uno de los documentos más importantes que reflejan la actitud de Mahoma ante las relaciones interreligiosas es la Constitución de Medina, también conocida como Carta de Medina. Redactada poco después de la migración (Hégira) a Medina, este documento estableció un marco para el gobierno y el orden social en la recién formada comunidad musulmana. La Constitución es notable por su carácter inclusivo y por el reconocimiento de los derechos y deberes de varios grupos, incluidos los judíos y los paganos que vivían en Medina.

La Constitución de Medina es un documento pionero en materia de relaciones interreligiosas. Reconoce la diversidad de la comunidad, que incluye no sólo a los musulmanes sino también a los judíos y otras tribus no musulmanas. Les otorga protección y garantiza su libertad religiosa, al tiempo que asegura su participación en la vida social y política de la ciudad. Este enfoque tenía por objeto fomentar la cooperación y el respeto mutuo entre las diferentes comunidades, sentando un precedente para futuras interacciones entre musulmanes y no musulmanes.

Uno de los ejemplos más famosos de la diplomacia interreligiosa de Mahoma fue su relación con la delegación cristiana de Najrán. En el año 631 d. C., una delegación de cristianos de Najrán visitó al Profeta en Medina para tratar asuntos religiosos. Mahoma entabló un diálogo respetuoso con ellos y se llegó a un acuerdo mutuo que incluía disposiciones para su libertad y protección religiosas. Esta interacción demostró la voluntad del Profeta de entablar debates significativos con representantes de otras confesiones y de respetar sus creencias, al tiempo que defendía los principios islámicos.

Otro aspecto importante de las relaciones interreligiosas de Mahoma fue su acercamiento a la Gente del Libro, término utilizado en el Corán para referirse a judíos y cristianos. El Corán reconoce la herencia monoteísta compartida entre el Islam, el Judaísmo y el Cristianismo, y enfatiza el respeto por los seguidores de estas religiones. Las interacciones del Profeta con la Gente del Libro estuvieron guiadas por el principio de reconocer su fe, al tiempo que los invitaba a comprender y considerar el mensaje del Islam.

El respeto de Mahoma por la Gente del Libro se refleja en su trato con las minorías religiosas dentro del Estado islámico. Estableció acuerdos con diversas comunidades cristianas y judías, garantizando sus derechos y libertades religiosas. Estos acuerdos a menudo incluían disposiciones sobre protección, mantenimiento de lugares de culto y observancia de sus prácticas religiosas. Las políticas del Profeta apuntaban a crear una sociedad donde las diversas comunidades religiosas pudieran coexistir armoniosamente y al mismo tiempo mantener sus propias tradiciones.

El enfoque del Profeta en las relaciones interreligiosas también se extendió a sus enseñanzas sobre la bondad y el respeto hacia los no musulmanes. Alentó a los musulmanes a tratar a los demás con justicia y compasión, independientemente de su afiliación religiosa. Sus dichos

(Hadith) incluyen numerosos ejemplos de sus interacciones con los no musulmanes que reflejan su compromiso con la conducta ética y el respeto. Por ejemplo, se dice que dijo: "Quien dañe a un ciudadano no musulmán, yo le haré daño en el Día del Juicio". Esta declaración subraya la importancia de defender los derechos y la dignidad de los no musulmanes.

Además de sus políticas prácticas y sus interacciones, las enseñanzas de Mahoma sobre las relaciones interreligiosas están enmarcadas en el marco ético más amplio del Islam. El Corán promueve la idea de la coexistencia pacífica y el entendimiento mutuo. Anima a los musulmanes a relacionarse con personas de otras religiones de una manera que se caracterice por el respeto y la sabiduría. Por ejemplo, la Sura Al-Ankabut (29:46) afirma: "Y no discutáis con la Gente del Libro, excepto de la mejor manera", enfatizando la importancia del diálogo respetuoso.

La actitud del Profeta respecto de las relaciones interreligiosas tuvo un impacto duradero en el desarrollo del pensamiento y la práctica islámicos. Sus principios de tolerancia y respeto han influido en la jurisprudencia islámica y en el trato dado a las minorías religiosas en diversas sociedades musulmanas. A lo largo de la historia, muchos estados islámicos han adherido a estos principios, creando entornos en los que diversas comunidades religiosas podían coexistir y contribuir a la sociedad en general.

En resumen, la actitud del Profeta Muhammad en relación con las relaciones interreligiosas estuvo marcada por un compromiso con la tolerancia, el respeto y el diálogo. Sus interacciones con los no musulmanes, así como sus políticas y enseñanzas, reflejan una profunda comprensión de la importancia de la coexistencia pacífica y el respeto mutuo. Los principios que estableció siguen sirviendo como modelo de cómo relacionarse con personas de otras religiones de una manera que defienda los estándares éticos y fomente relaciones armoniosas. Su legado en este sentido subraya la perdurable relevancia de su mensaje en la promoción de la armonía y el entendimiento interreligiosos.

Capítulo 27: Enseñanzas económicas

Las enseñanzas económicas del Profeta Muhammad forman una parte crucial de su legado, y reflejan su compromiso con la justicia, la equidad y el bienestar de la sociedad. Sus principios abordaban una variedad de cuestiones económicas, como la distribución de la riqueza, la ética empresarial y el bienestar social. Estas enseñanzas no solo proporcionaban orientación para la conducta personal, sino que también sentaban las bases para un sistema económico justo y equitativo.

Uno de los aspectos centrales de las enseñanzas económicas de Mahoma es el énfasis en la distribución justa de la riqueza. En la Arabia preislámica prevalecía la desigualdad económica, pues la riqueza se concentraba en manos de unos pocos y la mayoría de la gente vivía en la pobreza. Las enseñanzas de Mahoma procuraban abordar esta disparidad promoviendo mecanismos para garantizar que la riqueza se distribuyera de manera más equitativa y que se satisficieran las necesidades de los menos afortunados.

La institución del **zakat** , o limosna, es un elemento clave de este enfoque. El zakat es uno de los cinco pilares del Islam y exige que los musulmanes den una parte de su riqueza (normalmente el 2,5% de los ahorros e inversiones acumulados) a los necesitados. Esta práctica tiene por objeto purificar la riqueza y redistribuir los recursos dentro de la comunidad, reduciendo la pobreza y promoviendo la solidaridad social. Al institucionalizar el zakat, Mahoma enfatizó la responsabilidad de los ricos de apoyar a los menos afortunados y garantizar que su prosperidad beneficie a la sociedad en su conjunto.

Además del zakat, **la sadaqah** (caridad voluntaria) desempeña un papel importante en las enseñanzas económicas de Mahoma. A diferencia del zakat, que es obligatorio, la sadaqah se da voluntariamente y puede ser de cualquier cantidad. Refleja el espíritu de generosidad y la importancia de ayudar a los necesitados más allá de las contribuciones obligatorias. Esta caridad voluntaria apoya una cultura de empatía y refuerza la responsabilidad social de las personas de contribuir al bienestar de su comunidad.

Las enseñanzas económicas de Mahoma también abordaron cuestiones de **ética empresarial** y comercio justo. Era conocido por su conducta impecable como comerciante, y sus prácticas comerciales se convirtieron en un modelo de comportamiento empresarial ético. Enfatizó la honestidad, la transparencia y la equidad en las transacciones, y condenó prácticas como el fraude, el engaño y la explotación. Por ejemplo, se dice que dijo: "El vendedor y el comprador tienen la opción de cancelar o confirmar el trato a menos que se separen, y si dijeron la verdad y aclararon los defectos, entonces serán bendecidos en su trato, y si ocultaron algo y dijeron mentiras, entonces su trato será privado de la bendición de Alá". Este hadiz subraya la importancia de la honestidad en el comercio y las implicaciones morales de las prácticas comerciales.

La usura (riba) fue otro tema económico importante abordado por Mahoma. La usura, o el cobro de intereses sobre préstamos, era una práctica común en la Arabia preislámica y a menudo conducía a la explotación de los pobres y vulnerables. Mahoma condenó enérgicamente la usura, considerándola injusta y perjudicial para la armonía social. La prohibición de la riba tiene su raíz en el Corán, que dice: "Quienes devoran la usura no podrán mantenerse en pie, excepto como lo hace aquel a quien el Diablo ha llevado a la locura [o frenesí] con [su] toque" (Corán 2:275). Al prohibir la usura, Mahoma buscó prevenir la acumulación de riqueza a expensas de otros y promover un sistema financiero más equitativo.

Las enseñanzas del Profeta también abordaban la cuestión de **la herencia** , garantizando que la riqueza se distribuyera equitativamente entre los miembros de la familia. El Corán proporciona directrices específicas sobre la herencia, con el objetivo de evitar disputas y garantizar que tanto los hombres como las mujeres reciban sus partes legítimas. Por ejemplo, estipula que los herederos, incluidas las mujeres y los niños, deben recibir una parte proporcional de la herencia del fallecido, lo que refleja un compromiso con la equidad y la protección de los miembros vulnerables de la familia. Estas directrices ayudaron a evitar la concentración de la riqueza en manos de unos pocos y garantizaron que los recursos económicos se distribuyeran de manera más equitativa.

La justicia económica en las enseñanzas de Mahoma también se extiende al trato que se da a los trabajadores y a la importancia de unas prácticas laborales justas. Enfatizó los derechos de los trabajadores y la necesidad de brindarles salarios justos y condiciones de trabajo justas. Se dice que Mahoma dijo: "Dadle al trabajador su salario antes de que se seque su sudor", destacando la importancia de una compensación oportuna y justa por el trabajo. Esta enseñanza subraya la obligación ética de los empleadores de garantizar que los trabajadores sean tratados con respeto y que se respeten sus derechos.

La actitud de Mahoma ante **la acumulación de riqueza** también refleja su compromiso con la justicia social. Si bien no prohibió la adquisición de riqueza, alentó un enfoque equilibrado que evitara la acumulación excesiva y promoviera el uso responsable de los recursos. La riqueza debe utilizarse en beneficio de la sociedad y de maneras que apoyen el bienestar comunitario. Las enseñanzas del Profeta abogan por la moderación y la evitación de la extravagancia, y alientan a las personas a llevar una vida equilibrada y contribuir positivamente a sus comunidades.

Las enseñanzas económicas del Profeta fueron diseñadas para fomentar una sociedad justa y equitativa, donde la riqueza y los recursos se gestionen de manera responsable y se utilicen para apoyar el bien común. Sus principios siguen influyendo en el pensamiento y la práctica económica islámica, dando forma al marco moral y ético dentro del cual los musulmanes participan en las actividades económicas.

En resumen, las enseñanzas económicas del Profeta Muhammad brindan un marco integral para administrar la riqueza y garantizar la justicia social. Su énfasis en la distribución justa de la riqueza, las prácticas comerciales éticas, la prohibición de la usura, la herencia equitativa y las prácticas laborales justas reflejan un compromiso con la creación de una sociedad justa y compasiva. Estas enseñanzas siguen siendo relevantes hoy en día, guiando a los musulmanes en sus transacciones económicas y promoviendo los principios de equidad, generosidad y responsabilidad social.

Capítulo 28: Guerra y paz

La manera en que el Profeta Muhammad enfrentó la guerra y la paz es un aspecto importante de su legado, y refleja su compromiso con la justicia, la misericordia y la protección de la vida humana. Sus estrategias y principios en relación con los conflictos y su resolución revelan una profunda comprensión de las complejidades de la guerra y de la importancia de luchar por la paz siempre que sea posible.

Durante los primeros años del Islam, el Profeta enfrentó una considerable oposición y hostilidad por parte de la tribu Quraysh en La Meca. A pesar de la creciente persecución de los musulmanes, la actitud de Mahoma fue de paciencia y moderación. Su estrategia no era buscar el conflicto, sino sentar las bases para una sociedad justa y establecer los cimientos de una coexistencia pacífica. Durante este período, el énfasis estuvo puesto en la paciencia y la perseverancia, centrándose en la difusión del mensaje del Islam y manteniendo una postura digna a pesar de las adversidades.

La situación cambió con la migración (Hijrah) a Medina, donde la naciente comunidad musulmana se enfrentó a nuevos desafíos. Los musulmanes ya no eran simplemente una minoría perseguida, sino que se habían convertido en una comunidad importante con responsabilidades políticas y sociales. Los conflictos que surgieron a partir de este período no fueron buscados por el Profeta, sino que a menudo fueron respuestas a agresiones y amenazas a la supervivencia de la comunidad. Los principios que regían estos conflictos estaban guiados por las enseñanzas islámicas sobre la justicia, la proporcionalidad y la misericordia.

Uno de los principios claves en el enfoque del Profeta con respecto a la guerra era **la causa justa** . Según las enseñanzas islámicas, la guerra solo se justifica bajo ciertas condiciones, principalmente en defensa contra la agresión o la opresión. El Corán enfatiza que la lucha solo está permitida contra aquellos que han hecho daño a otros o han atacado primero. La Sura Al-Hajj (22:39) dice: "Se ha dado permiso para luchar a quienes están siendo combatidos porque han sido agraviados". Este principio subraya que la guerra debe ser un último recurso, y debe buscarse solo cuando se hayan agotado todos los demás medios de resolución.

El concepto de **proporcionalidad** es otro aspecto crucial de la ética de la guerra islámica. El profeta Mahoma enfatizó que cualquier acción militar debe ser proporcional a la amenaza a la que se enfrenta. Esto significa que la respuesta no debe exceder lo necesario para enfrentar la agresión y debe evitar daños innecesarios. El Corán instruye a los musulmanes a evitar los excesos y a actuar dentro de los límites de la justicia. La Sura Al-Baqarah (2:190) dice: "Combatid en el camino de Dios a quienes os combatan, pero no os extralimitéis. En verdad, Dios no ama a los transgresores". Esta enseñanza garantiza que las acciones militares se mantengan limitadas y se centren en lograr resultados justos sin causar sufrimiento indebido.

La protección de los no combatientes es un principio fundamental de la ética de la guerra islámica. El profeta Mahoma dio instrucciones claras sobre el trato que se debe dar a los civiles y a los no combatientes durante los conflictos. Sus enseñanzas prohibían matar a mujeres, niños, ancianos y a quienes no participaban activamente en el combate. Además, prohibía la destrucción de cultivos, árboles y ganado, reconociendo la importancia de minimizar los daños colaterales y preservar los recursos esenciales. Estas directrices reflejan una profunda preocupación por las consideraciones humanitarias y la protección de las vidas inocentes.

El enfoque del Profeta para la resolución de conflictos se extendió más allá del campo de batalla. Siempre que fue posible, buscó lograr la paz mediante la diplomacia y la negociación. Un ejemplo notable es el **Tratado de Hudaybiyyah** , un acuerdo de paz entre los musulmanes y la tribu Quraysh. A pesar de las condiciones aparentemente desfavorables para los musulmanes, el Profeta aceptó el tratado como una medida estratégica para asegurar un período de paz y abrir el camino a un mayor diálogo. El tratado permitió la expansión final del Islam y el establecimiento de un entorno más estable para la comunidad musulmana. Este ejemplo demuestra la perspicacia estratégica del Profeta y su compromiso de lograr la paz mediante enfoques pragmáticos y pacientes.

Otro principio importante en la actitud de Mahoma hacia la paz fue el concepto de **reconciliación** . Tras la conquista de La Meca, el Profeta otorgó una amnistía general a los Quraysh, que anteriormente habían sido sus adversarios. Su decisión de perdonar y mostrar clemencia a quienes habían luchado contra él reflejó su compromiso de superar las divisiones y fomentar la unidad. Al elegir la reconciliación en lugar de la retribución, Mahoma ejemplificó los valores del perdón y la misericordia, con el objetivo de construir una sociedad cohesionada basada en el respeto y la comprensión mutuos.

Las enseñanzas del Profeta también enfatizan la importancia de **los tratados y acuerdos** para mantener la paz. Era conocido por respetar los acuerdos y tratados, incluso cuando no eran de su interés inmediato. Este compromiso con el cumplimiento de los acuerdos se refleja en sus interacciones con diversas tribus y comunidades, donde defendió los términos de los acuerdos y trabajó para garantizar que se cumplieran las promesas. Su respeto por los tratados subraya el valor de la confianza y la fiabilidad para fomentar las relaciones pacíficas y mantener la estabilidad.

Los principios de **justicia** y **equidad** en la guerra y en la paz son fundamentales en las enseñanzas del Profeta. Siempre abogó por un trato justo para todas las partes involucradas, incluidos los adversarios, y trató de garantizar que las acciones durante el conflicto se ajustaran a las normas éticas. Su liderazgo y sus decisiones se guiaron por el compromiso de defender la justicia y garantizar que todas las medidas que se adoptaran fueran justas y proporcionadas.

A lo largo de su vida, Mahoma demostró una profunda comprensión de las complejidades de los conflictos y de la necesidad de la paz. Su enfoque de la guerra se caracterizó por un compromiso con la conducta ética, el respeto por la vida humana y un profundo deseo de lograr una paz duradera. Sus enseñanzas siguen influyendo en el pensamiento y la práctica islámicos, proporcionando un marco para abordar los conflictos con justicia, misericordia y un compromiso con la dignidad humana.

En resumen, la actitud del Profeta Muhammad ante la guerra y la paz refleja un profundo compromiso con la justicia, la conducta ética y la protección de la vida humana. Sus principios sobre la causa justa, la proporcionalidad, la protección de los no combatientes, la reconciliación y el respeto de los tratados subrayan su dedicación a la consecución de la paz y el mantenimiento de los estándares humanitarios en los conflictos. Su liderazgo y sus enseñanzas proporcionan un modelo para abordar los conflictos con compasión e integridad, haciendo hincapié en la importancia de luchar por la paz y resolver las disputas mediante el diálogo y la equidad.

Capítulo 29: El estilo de liderazgo del profeta

El estilo de liderazgo del Profeta Muhammad es un aspecto profundo y multifacético de su legado, que ejemplifica los principios de justicia, compasión y visión estratégica. Su enfoque del liderazgo no consistía únicamente en guiar a una comunidad, sino también en encarnar los más altos estándares éticos y morales. Sus métodos y principios de liderazgo ofrecen lecciones valiosas que siguen inspirando y guiando a la gente hoy en día.

Liderazgo visionario: Una de las características más notables del liderazgo de Mahoma fue su capacidad para articular una visión clara y convincente para sus seguidores. Desde los primeros días de su profecía, imaginó una sociedad basada en la justicia, la igualdad y la adoración de un solo Dios. Esta visión no se limitaba a las aspiraciones espirituales, sino que se extendía a las reformas sociales, políticas y económicas. Su visión inspiró a sus seguidores a trabajar para construir una nueva comunidad y superar los desafíos que enfrentaban.

Empatía y compasión: El liderazgo de Mahoma estaba profundamente arraigado en la empatía y la compasión. Demostró constantemente comprensión y preocupación por las necesidades y sentimientos de sus seguidores. Ya fuera a través de interacciones personales o en sus discursos públicos, su enfoque se caracterizaba por la amabilidad y la sensibilidad. Era conocido por su capacidad para escuchar a los demás, abordar sus preocupaciones y ofrecer apoyo y orientación de una manera que fuera a la vez tranquilizadora y motivadora.

Enfoque consultivo (shura): Otro rasgo distintivo del liderazgo de Muhammad fue su enfoque consultivo, conocido como **shura** . A menudo buscaba las opiniones y el consejo de sus compañeros y miembros de la comunidad sobre asuntos importantes. Esta práctica de consulta garantizaba que las decisiones se tomaran con aportes de diversas perspectivas y contribuía a un sentido de responsabilidad y propiedad compartida dentro de la comunidad. La disposición del Profeta a escuchar a los demás y considerar sus opiniones demostraba su respeto por la sabiduría colectiva y fomentaba un enfoque participativo del liderazgo.

Predicar con el ejemplo: El estilo de liderazgo de Mahoma se caracterizaba por predicar con el ejemplo. Encarnaba los principios que predicaba, demostrando con sus propias acciones cómo vivir una vida de integridad, humildad y dedicación al bienestar de los demás. Su conducta personal en materia de honestidad, justicia y compasión sirvió de modelo para sus seguidores. Al alinear sus acciones con sus enseñanzas, proporcionó una demostración práctica de los valores y conductas que defendía.

Perspicacia estratégica: El liderazgo de Mahoma también implicó perspicacia estratégica y previsión. Demostró una notable capacidad para desenvolverse en situaciones políticas y sociales complejas con prudencia y adaptabilidad. Por ejemplo, el Tratado de Hudaybiyyah, aunque inicialmente se percibió como desfavorable, resultó estratégicamente ventajoso y, en última instancia, facilitó la expansión del Islam. Sus decisiones reflejaban a menudo una profunda comprensión de las implicaciones más amplias y los resultados potenciales, equilibrando las necesidades inmediatas con los objetivos a largo plazo.

Empoderamiento y confianza: empoderar a los demás fue un aspecto clave del liderazgo de Mahoma. Delegó responsabilidades y confió a sus compañeros funciones importantes, alentándolos a tomar la iniciativa y contribuir a la comunidad. Este enfoque no solo generó un sentido de confianza y lealtad, sino que también fomentó un entorno colaborativo en el que las personas se sentían valoradas y motivadas a contribuir con su máximo esfuerzo.

Justicia y equidad: La justicia y la equidad fueron fundamentales en el estilo de liderazgo de Mahoma. Siempre hizo hincapié en la importancia de tratar a los demás de manera equitativa y defender los principios de justicia en todos los aspectos de la gobernanza y las interacciones personales. Su liderazgo se caracterizó por el compromiso de garantizar que todos los miembros de la comunidad recibieran un trato justo y que los conflictos se resolvieran sobre la base de los principios de equidad y rectitud.

Resolución de conflictos: La forma en que Muhammad abordaba los conflictos se caracterizaba por la paciencia, la diplomacia y la búsqueda de la reconciliación. Abordaba las disputas con una perspectiva equilibrada y justa, buscando soluciones que restablecieran la armonía y fomentaran el entendimiento. Sus esfuerzos por negociar tratados y resolver conflictos demostraban su compromiso con el mantenimiento de la paz y la estabilidad en la comunidad.

Integridad personal: El liderazgo de Mahoma también se definió por su integridad personal y su adhesión a los principios morales. Era conocido por su honestidad, honradez y humildad. Su carácter y conducta le valieron el respeto y la admiración de sus seguidores, lo que reforzó su papel como líder confiable. Su integridad sirvió como base para su liderazgo, inspirando confianza y respeto entre quienes lo dirigían.

Inclusión y unidad: el liderazgo del Profeta fomentó la inclusión y la unidad entre los diversos grupos de la comunidad. Trabajó para superar las diferencias entre las distintas tribus y grupos religiosos, haciendo hincapié en los valores y objetivos comunes que los unían. Sus esfuerzos por crear una sociedad cohesionada y armoniosa reflejaban su comprensión de la importancia de la inclusión y el respeto mutuo para construir una comunidad fuerte y unificada.

Educación y desarrollo personal: Mahoma hizo mucho hincapié en la educación y el desarrollo personal. Alentó a sus seguidores a buscar el conocimiento, tanto religioso como secular, y a utilizar su conocimiento para contribuir positivamente a la sociedad. Sus enseñanzas sobre la educación destacaron la importancia del crecimiento intelectual y moral como componentes esenciales de un liderazgo integral y eficaz.

Liderazgo ético: El liderazgo ético fue una característica definitoria del enfoque de Mahoma. Se adhirió a un código moral que enfatizaba el respeto por los demás, la imparcialidad en el juicio y el compromiso con el bien común. Sus estándares éticos guiaron sus decisiones e interacciones, sentando un precedente sobre cómo los líderes debían comportarse con honor e integridad.

En resumen, el estilo de liderazgo del Profeta Muhammad se caracterizó por su visión de futuro, su empatía, su capacidad de tomar decisiones consultivas y su liderazgo con el ejemplo. Su enfoque del liderazgo estaba profundamente arraigado en principios éticos, pensamiento estratégico y un compromiso con la justicia y la equidad. Su capacidad para abordar situaciones complejas con sabiduría y adaptabilidad, manteniendo al mismo tiempo el foco en el bienestar de su comunidad, ofrece lecciones perdurables de liderazgo eficaz y compasivo. Su legado sigue inspirando e informando las prácticas de liderazgo, reflejando los valores y principios atemporales que guiaron su papel como líder.

Capítulo 30: Continuando el mensaje

El legado del Profeta Muhammad se extiende mucho más allá de su vida, influyendo en incontables generaciones a través de la propagación continua de su mensaje. Sus enseñanzas, plasmadas en el Corán y los hadices, han inspirado un movimiento global, dando forma al tejido espiritual, ético y social de las sociedades musulmanas. Los esfuerzos actuales para continuar su mensaje son multifacéticos y abarcan la erudición religiosa, el liderazgo comunitario y la conducta personal, todos ellos encaminados a preservar y adaptar sus enseñanzas a los contextos contemporáneos.

Preservación de las enseñanzas: La preservación de las enseñanzas del profeta Mahoma es fundamental para que sigan teniendo un impacto permanente. El Corán, la fuente principal de la guía islámica, fue preservado meticulosamente durante y después de la vida de Mahoma. La compilación del Corán en un solo volumen poco después de su muerte garantizó que sus revelaciones divinas se mantuvieran intactas. Además, los eruditos recopilaron y analizaron cuidadosamente los hadices (registros de los dichos, acciones y aprobaciones de Mahoma) para garantizar su autenticidad. Esta meticulosa preservación ha permitido que las enseñanzas de Mahoma se transmitan con precisión a lo largo de los siglos, proporcionando una base fiable para la práctica y la creencia islámicas.

Papel de los eruditos: Los eruditos islámicos (ulama) desempeñan un papel crucial en la continuidad del mensaje del Profeta. Interpretan y aplican las enseñanzas islámicas a cuestiones contemporáneas, garantizando que la guía de Mahoma siga siendo relevante en contextos modernos. A través del trabajo académico, que incluye el estudio de la jurisprudencia (fiqh), la teología (aqidah) y la ética (akhlaq), los eruditos brindan perspectivas y soluciones que abordan las necesidades cambiantes de las comunidades musulmanas. Sus esfuerzos por abordar los desafíos modernos sin dejar de ser fieles a los principios básicos del

Islam ayudan a cerrar la brecha entre las enseñanzas históricas y las realidades contemporáneas.

Instituciones educativas: Las instituciones educativas, incluidas las madrasas y las universidades islámicas, son fundamentales para perpetuar el mensaje de Mahoma. Estas instituciones no sólo enseñan conocimientos religiosos, sino que también fomentan una comprensión profunda de los principios islámicos entre los estudiantes. Al educar a las futuras generaciones de musulmanes tanto en el ámbito religioso como en el secular, estas instituciones contribuyen al desarrollo de miembros informados y comprometidos de la sociedad, que estén capacitados para aplicar las enseñanzas islámicas en diversos aspectos de sus vidas.

Liderazgo comunitario: Los líderes y las organizaciones comunitarias también desempeñan un papel importante en la continuidad del mensaje del Profeta. Trabajan para implementar los valores islámicos en diversos ámbitos, como la justicia social, la caridad y el servicio comunitario. Al organizar iniciativas que abordan cuestiones sociales, promueven el comportamiento ético y brindan apoyo a los necesitados, estos líderes ayudan a encarnar y propagar los principios de las enseñanzas de Mahoma. Su trabajo refleja el énfasis del Profeta en la compasión, la justicia y la mejora de la sociedad.

Diálogo interreligioso: Los principios del diálogo y la cooperación interreligiosos, tal como los demostró Mahoma, siguen influyendo en los esfuerzos contemporáneos por tender puentes entre las diferentes comunidades religiosas. El diálogo constructivo con seguidores de otras confesiones promueve la comprensión y el respeto mutuos, lo que refleja el enfoque del Profeta en cuanto a la coexistencia pacífica y la colaboración. Esas interacciones ayudan a fomentar un espíritu de tolerancia y ponen de relieve los valores compartidos que unen a las diversas tradiciones religiosas.

Conducta personal: La conducta personal de los musulmanes, guiada por las enseñanzas de Mahoma, sirve como un testimonio viviente de su mensaje. Al esforzarse por encarnar los principios éticos y morales enseñados por el Profeta, las personas contribuyen a la perpetuación de su legado. Ya sea a través de actos de bondad, honestidad, paciencia o justicia, las acciones diarias de los musulmanes reflejan los valores que Mahoma defendió. Esta adhesión personal a los principios islámicos ayuda a mantener la relevancia de sus enseñanzas en la vida cotidiana de los seguidores.

Difusión mundial: El mensaje del Profeta Muhammad ha trascendido las fronteras geográficas y culturales, llegando a diversas poblaciones de todo el mundo. La expansión del Islam y los esfuerzos de las comunidades musulmanas por llegar a audiencias globales contribuyen a la difusión continua de sus enseñanzas. A través de la labor misionera, el intercambio intercultural y el uso de herramientas de comunicación modernas, los principios del Islam siguen llegando a nuevos públicos e inspirando a personas de todo el mundo.

Adaptación a los desafíos modernos: La capacidad de adaptar las enseñanzas de Mahoma para abordar los desafíos contemporáneos es crucial para la vigencia continua de su mensaje. Cuestiones como los avances tecnológicos, las preocupaciones medioambientales y la justicia social exigen un compromiso reflexivo con los principios islámicos. Al aplicar las enseñanzas éticas y morales del Profeta a estos contextos modernos, los musulmanes pueden abordar los problemas actuales sin dejar de ser fieles a los valores fundamentales del Islam.

Expresión cultural y artística: La influencia de las enseñanzas de Mahoma también se puede ver en diversas formas de expresión cultural y artística. La literatura, el arte y los medios de comunicación que se inspiran en temas y valores islámicos reflejan el impacto perdurable de su mensaje. Estas expresiones no solo preservan las enseñanzas del Profeta, sino que también las hacen accesibles y atractivas para diversos públicos, lo que contribuye a una apreciación y comprensión más amplia de los principios islámicos.

El papel de la ley islámica (sharia): La ley islámica, o sharia, derivada del Corán y los hadices, sigue guiando muchos aspectos de la vida musulmana. La aplicación de la sharia en cuestiones personales, sociales y legales refleja la influencia continua de las enseñanzas de Mahoma. Si bien las interpretaciones y aplicaciones de la sharia pueden variar, los principios básicos derivados de la guía del Profeta siguen siendo fundamentales para la práctica del Islam y el gobierno de las comunidades musulmanas.

Inspiración para la justicia social: Los principios de justicia social enfatizados por Mahoma siguen inspirando esfuerzos para abordar las desigualdades y promover la equidad. Sus enseñanzas sobre los derechos de los pobres, los huérfanos y las mujeres sirven como base para los movimientos contemporáneos que abogan por la justicia social y económica. Al defender estos valores, los musulmanes contribuyen a crear una sociedad más equitativa y compasiva.

Conclusión: Continuar el mensaje del Profeta Muhammad implica un enfoque multifacético que abarca la preservación de las enseñanzas, la interpretación académica, la educación, el liderazgo comunitario, el diálogo interreligioso, la conducta personal, la difusión global, la adaptación a los desafíos modernos, la expresión cultural y la aplicación de la ley islámica. Sus enseñanzas siguen siendo una fuente de inspiración y guía para los musulmanes de todo el mundo, dando forma a su vida espiritual, ética y social. A través de estos esfuerzos constantes, el mensaje de Muhammad perdura, y continúa influyendo e inspirando a las personas y las comunidades en su búsqueda de la justicia, la compasión y la rectitud.

Conclusión

La vida y las enseñanzas del Profeta Muhammad han dejado una huella indeleble en la historia, no solo moldeando el marco espiritual y ético del Islam, sino también influyendo en normas y valores sociales más amplios. Su legado es un testimonio del profundo impacto de un liderazgo basado en principios de justicia, compasión y sabiduría.

El camino recorrido por el profeta Mahoma, desde sus humildes comienzos hasta convertirse en un líder transformador, refleja un compromiso con la conducta ética y una profunda comprensión de la naturaleza humana. Su vida ejemplifica la integración de la fe y la acción, demostrando cómo los principios espirituales pueden guiar las decisiones prácticas y las interacciones sociales. Su liderazgo se caracterizó por un enfoque visionario, empatía, toma de decisiones consultiva y un compromiso con la justicia, y sirvió como modelo de gobernanza eficaz y ética.

Las enseñanzas del Profeta, preservadas a través del Corán y los hadices, siguen sirviendo como guía integral para millones de personas en todo el mundo. Estas enseñanzas abordan diversos aspectos de la vida humana, desde la conducta personal y la justicia social hasta la ética económica y las relaciones internacionales. Los esfuerzos constantes por interpretar y aplicar estas enseñanzas a las cuestiones contemporáneas ponen de relieve su pertinencia duradera y la adaptabilidad de los principios islámicos a contextos cambiantes.

El énfasis del Profeta en la educación, el servicio comunitario y la integridad personal sigue siendo central en la tradición islámica. Las instituciones educativas y los eruditos desempeñan un papel crucial en la difusión e interpretación de sus enseñanzas, asegurando que el mensaje del Islam siga inspirando y guiando a las generaciones futuras. Los líderes comunitarios y las personas que encarnan los valores del Profeta contribuyen a una sociedad más justa y compasiva, reflejando la aplicación práctica de sus enseñanzas en la vida cotidiana.

Los principios de paz y reconciliación, fundamentales en el enfoque de Mahoma frente a los conflictos, destacan la importancia del diálogo, la empatía y el respeto mutuo para resolver las disputas. Su legado alienta los esfuerzos en pro del diálogo interreligioso y la cooperación mundial, fomentando un espíritu de tolerancia y comprensión entre las diversas comunidades.

En conclusión, la vida y las enseñanzas del Profeta Muhammad representan un legado profundo que sigue resonando en millones de personas en todo el mundo. Su ejemplo de liderazgo, compasión y compromiso con la justicia proporciona un marco atemporal para abordar los desafíos de naturaleza personal y social. Al adherirse a los valores que defendió y esforzarse por aplicar sus enseñanzas en contextos contemporáneos, las personas y las comunidades pueden honrar su legado y contribuir a un mundo más equitativo, compasivo y armonioso.